口才表达与沟通智慧

郭 华/著

中国书籍出版社
China Book Press

图书在版编目 (CIP) 数据

口才表达与沟通智慧 / 郭华著 . -- 北京：中国书籍出版社 , 2021.9
ISBN 978-7-5068-8737-3

Ⅰ . ①口… Ⅱ . ①郭… Ⅲ . ①口才学 – 通俗读物 Ⅳ . ① H019-49

中国版本图书馆 CIP 数据核字（2021）第 202577 号

口才表达与沟通智慧

郭　华　著

责任编辑	张　娟　成晓春
责任印制	孙马飞　马　芝
封面设计	仙　境
出版发行	中国书籍出版社
地　　址	北京市丰台区三路居路 97 号（邮编：100073）
电　　话	（010）52257143（总编室）　（010）52257140（发行部）
电子邮箱	eo@chinabp.com.cn
经　　销	全国新华书店
印　　厂	三河市德贤弘印务有限公司
开　　本	710 毫米 ×1000 毫米　1/16
字　　数	175 千字
印　　张	14
版　　次	2022 年 9 月第 1 版
印　　次	2022 年 9 月第 1 次印刷
书　　号	ISBN 978-7-5068-8737-3
定　　价	56.00 元

版权所有　翻印必究

PREFACE 前 言

口才好的人总是自带光芒，他们出口成章、妙语连珠，很难让人不注意、不亲近。

和人沟通，话已出口才意识到表达不妥。

介绍事物，词穷、词不达意，对方听得一头雾水。

当众发言，经常语无伦次，大脑一片空白。

与人争执，总是事后才想起如何反驳。

……

如果你也有上述困惑，那么就很有必要提高口才表达能力、增长沟通智慧了。本书带你读懂说话艺术，让你敢说、能说，更会说，教你智慧表达，高效沟通。

本书教你轻松学表达，掌握语言逻辑，学会在不同场合、面对不同对象时高情商沟通；在准确表达的基础上，善用情感、微表情与肢体动作，更贴切地传递信息。

本书还有朗诵、播音、演讲、辩论、谈判、推销等多种口才表达技巧与方法，帮你练出好口才；针对日常表达与沟通问题，提供丰富实用的解决方法，对症下药，给你科学有效的指导。

本书结构完整、内容丰富、语言精练、案例生动，更特别设置"众说纷纭""妙语连珠"两个版块，让你表达更轻松，沟通更有效。

好口才，能以声服人，让你的人生更出彩！通过阅读本书，相信你一定会有所收获。

作　者

2021 年 8 月

CONTENTS | 目 录

第一章

好口才，为幸福人生奠基 / 1

说话是一门艺术	2
好口才，能以声服人	8
幽默的口才万里挑一	10
魅力口才，收获魅力人生	13

第二章

轻松表达，一开口你就赢了 / 17

开口前的观察与倾听　　18
调控语调　　23
管理情绪　　25
巧用眼神交流　　27
注意你的微表情　　29
用好肢体动作　　32
当众讲话不心慌　　34

第三章

说话有门道，语言表达有逻辑 / 37

观点清晰，逻辑自洽　　38
用词准确，巧用金句　　41

主次要分明，条理要清晰　44
主题的转换与过渡　48
把握好说话的时间逻辑　52

第四章

高情商沟通，不同场景恰当说 / 57

朋友聚会　58
求职应聘　61
寻求帮助　64
安慰他人　65
劝诫与建议　68
赞美与批评　71
表白与求婚　74
电话沟通　77
微信沟通　81
学会拒绝　84

第五章

有效沟通，不同对象得体说 / 89

非暴力沟通，尊重孩子，不吼不叫	90
男女有别，表达要正确	96
面对长辈用敬语，不卑不亢	101
夫妻之间的沟通技巧	106

第六章

倾情朗诵，声情并茂引发共鸣 / 111

诵读的乐趣	112
理解朗诵的内容	115
气息与节奏的重要性	118
认识韵律和韵脚	121
投入你的情感	124
诗歌朗诵训练方法	128
经典古诗朗诵提示	130

第七章

播音主持，塑造你的高光时刻 / 133

熟悉你的台本和内容　　　　　　134
好的开场能迅速吸引观众　　　　137
整体语言节奏的把控　　　　　　140
重视与观众的互动　　　　　　　142
随机应变，时刻做好救场准备　　145

第八章

即兴演讲，关键时刻不掉链子 / 151

了解即兴演讲　　　　　　　　　152
"演"与"讲"，缺一不可　　　　155
快速构思与整理　　　　　　　　157
惊艳的开场怎么说　　　　　　　160
内容走心，引人深入　　　　　　164
意犹未尽的结尾　　　　　　　　168

第九章

语言引导，这样做掌控话语权 / 173

辩论	174
谈判	180
推销	186

第十章

对症下药，常见表达问题解决有妙方 / 191

切忌正话反说、好话歹说	192
语速太快或太慢	197
讲话跑题、说错	201
大脑一片空白怎么办	204
词穷了怎么办	205
改掉你的口头禅	208
及时复盘	209

参考文献 / 211

第一章

好口才，为幸福人生奠基

口才好、会说话，这是一种强大的社交能力。

拥有好口才，可以令你在与他人的初次相识中迅速赢得对方的好感，结交更多的朋友；在复杂的人际关系中应付自如，得心应手；在剑拔弩张的气氛中化干戈为玉帛，化戾气为祥和，妥善处理矛盾与冲突……

学会说话的技巧，掌握说话的艺术，以声服人，以言动人，为幸福人生奠基。

说话是一门艺术

> **众说纷纭**
>
> 在人际交往的过程中,你是否也会因为不知道该如何与他人说话而苦恼?意思相近的话语,为什么有的人说出来令人如沐春风,心情大好,而有的人说出来只会产生相反的效果?说话的艺术是什么?又该如何掌握这门艺术呢?

说话是人们用来表达自己的想法与诉求的一种方式,更是一门深奥的艺术。

明明是表达同一种意思,不同的人说出来却会产生不同的效果,这就是说话的艺术的体现。掌握说话艺术的人,说出的话往往褒贬有度,进退自如,令人心生好感;而不善于把握说话艺术的人,则可能出口伤人,令人心生厌恶,避之不及。

一言可以成事

在困境中，口才好的人可以通过与他人交涉让自己获得生机，甚至只用一句话就能将困境转为顺境。

有这样一个故事：一日，纪晓岚在翰林院编校《四库全书》，因当时天气炎热，便干脆脱下官袍，光着膀子伏案工作。不料，这时正好乾隆皇帝前来查看编校进展。皇帝驾临，必须穿官袍迎驾，可纪晓岚已经来不及穿上官袍了，只好慌忙躲在书橱后面。

这时乾隆帝其实已经看见光着膀子躲避的纪晓岚了，但是他假装不知，也没说话，只是示意其他大臣坐下继续工作，自己则在一旁随意翻书。过了一会儿，纪晓岚听不见屋内有动静，便问了一句："老头子走了没有？"此话一出，众官皆大惊失色，不敢言语。

乾隆帝大怒，责问纪晓岚"老头子"是什么意思，纪晓岚不紧不慢地回答："老，即万寿无疆；头，乃万民之首；子，为天之子。'老头子'实属尊敬之意。"乾隆帝听后，立即转怒为喜，纪晓岚不仅没有受到责罚，反而因为会说话而更受皇帝的器重。

说话要说到"点"上

说话说到"点"上，一方面要提炼要点，少说废话，另一方面要注意把握分寸，点到即止，不说令人不悦的话。

◆ 提炼要点，少说废话

俄国文豪屠格涅夫有一句名言："在开口之前，要先让舌头在嘴巴里绕十圈。"这句话意在告诫人们，说话要说要点，把不必要的废话去掉。

在这个快节奏的现代社会，人们都追求高效率的对话，东拉西扯的长篇大论只会让他人对你失去耐心，你也可能会因此错失良机。

商界有一条流传甚广的"麦肯锡30秒电梯理论"，即麦肯锡（世界领先的全球管理咨询公司——麦肯锡咨询公司的创建人）要求公司的每一位业务员都必须具备能在30秒钟内向客户介绍完方案的能力。这个理论的出现，源于麦肯锡咨询公司经历的一次沉痛教训。

一次，麦肯锡咨询公司接到了一家大公司的咨询项目订单，在结束与对方公司相关人员的咨询后，该项目的负责人恰好在电梯间遇到了对方公司的董事长，于是这位董事长就让负责人简要汇报一下咨询的结果。遗憾的是，该负责人没能在电梯从30层下到1层的30秒钟内将整个项目的方案说清楚，导致对方公司终止了与麦肯锡咨询公司的长期合作。

由此可见，说话时提炼要点，精简语句，把话说到"点"上是非常重要的。

◆ 把握分寸，点到为止

俗话说："话不要说死，路不要走绝。"无论在什么场合，与人沟通交流时一定要注意把握好分寸，凡事点到为止，不该说的就不说。

有时候，不说破，点到为止的话反而更能给人以启发。

三国时期，曹操曾因为曹植才华过人，而起过废曹丕、改立曹植为太子的念头，于是就此事询问贾诩的意见。

贾诩听完后什么也没说，曹操问："你怎么不说话呢？"贾诩回答道："我正在想袁绍、刘表废长立幼招致灾祸的事。"曹操听罢哈哈大笑，明白了贾诩的言外之意，再也不提改立太子之事。

贾诩正是把握了自己说话的分寸，对曹操点到即止，没有继续说废太子的弊端，避免触怒君主，同时达到了很好的劝诫效果。

学会欣赏与夸奖

无论成人还是孩童，都需要得到他人的肯定，这样才会使自己获得一种存在的自豪感。而他人的肯定，通常都是通过夸奖的形式表现出来的。

不过，夸奖的魅力可不仅仅体现在让优秀的人感到自豪，更体现在让存在不足的人得到认可与鼓励。

有一家建筑公司的老板通过朋友的介绍聘请了一位设计师来自己的公司工作。老板从朋友的口中得知，这位设计师虽然才华横溢，但是因为工作经验不足，所以目前还没有特别出色的作品。

老板在与设计师会面时，毫不掩饰地表现出对设计师的一些作品的欣赏，极力称赞他的才华，并表示愿意给设计师一些时间，让他慢慢积累经验，争取设计出更好的作品。原本在职场上屡屡碰壁，几度想要放弃的设计师，听到了老板诚挚的夸奖，立刻重新燃起了对建筑设计的热爱。通过一段时间的积累，设计师最终设计出了不凡的作品，不仅实现了自己的梦想，也为公司带来了很可观的经济收益，这就是夸奖的强大魅力。

委婉表达

说话的艺术，还体现在言语间给人留有余地，即使与对方的想法是对立的，也能通过委婉的表达缓和剑拔弩张的气氛，不伤及对方的颜面。

有一次，一个名不见经传的文人带着自己的诗作来拜访苏轼，想要听听苏轼对自己的评价。这个文人自以为作诗水平高超，于是便用抑扬顿挫的语调吟诵着自己的"大作"，神态颇为得意。听完他的诗，苏轼点头微笑："可得十分——诗三分，吟七分。"该文人听完苏轼这番委婉的评价，顿时明白了自己的不足，惭愧地笑了。

这就是委婉表达的艺术，不着痕迹地吐露自己与对方相反的观点，却又不会令对方太难堪。

妙语连珠

好口才，可以化腐朽为神奇

说话是一门艺术，也是世界上最有力的武器。同一件事，用不同的方式去说，可能会取得完全不同的效果，甚至可以化腐朽为神奇。

有一位外国农场主经营着一个庞大的果园，一年秋天，眼看着苹果就要成熟了，农场主正喜滋滋地盘算着今年的收成，意外却降临了。一场大冰雹把所有的苹果都砸得伤痕累累、面目全非。无奈之下，他只好将所有的苹果低价卖给了当地的经销商。

经销商发现，这些苹果虽然卖相不好，口感却异常香甜。于是，他想到了一个办法，对外宣称这些苹果身上的伤痕是"来自上帝的祝福"，"正是因为有上帝的关爱，才使得这些苹果异常香甜——这是上帝对我们的祝福！"听了经销商的话，很多人都争相抢购这独特的"带有上帝祝福的苹果"，被农场主低价卖出的苹果，却为经销商带来了高额的收益，这就是好口才的神奇魔力。

好口才，能以声服人

美国斯坦福大学教授彼得·迈尔斯曾说："要想让自己的声音在一片嘈杂声中脱颖而出，你需要一点策略——高效沟通策略。"那么，一个人如何才能实现与他人的高效沟通呢？这自然还是离不开自身的好口才。

拥有好口才的人，能够在与他人进行沟通的过程中更好地说服对方，即"让自己的声音在一片嘈杂声中脱颖而出"。

不管你有没有发现，在现实生活中，人与人之间的沟通很多时候都是一个说服和被说服的过程。

举例来说，在家庭中，家长会通过与孩子的耐心沟通，来说服孩子养成一个好习惯或是改掉一个坏习惯；在工作中，领导需要开展一系列会议来说服员工朝着自己谋划的公司未来发展目标而努力工作；在求职中，应聘者需要竭尽全力说服面试官录用自己……在这些常见的沟通－说服场景中，口才好的人，总是能够轻而易举就说服对方，成功传递自己想要表达的思想与情感。而口才平平的人，则需要耗费大量的时间与精力不断进行一次又一次的沟通，才可能达到自己预期的目标。

第一章 好口才，为幸福人生奠基

拥有好口才，能够以声服人的最杰出的一类代表群体就是从古至今的外交政治家们了，他们唇枪舌剑，很多时候仅凭几句简单的话语就能令人心悦诚服。

战国时期，有一名纵横家（外交政治家）名为苏代。有一次，赵惠王想要出兵攻打燕国，苏代受燕国之命，前往赵国游说赵惠王，想让他放弃发动这场战争。

苏代来到赵国后，对赵惠王说："大王，我这次来到赵国，在经过易水的时候，看到了一件怪事。河边的鹬鸟看见了一只蚌，便将嘴伸进蚌壳里去啄肉，而蚌则立即将壳合上，夹住鹬鸟的嘴巴。鹬鸟逃脱不了，便恶狠狠地对蚌说：'你不把我放开没关系，如果这两天不下雨，你就会被干死！'蚌也不甘示弱地反击：'哼，你的嘴巴被我夹住了，如果这两天都拔不出来，你就会被饿死！'然而，正当鹬鸟和蚌互相争持的时候，一个渔夫走过来，轻而易举地就将它们捉住，然后带回家了。"

赵惠王听了苏代的话，觉得很有趣，苏代便继续说："听说大王您想要出兵攻打燕国，要知道赵、燕实力相当，交战后双方必当长久相持不下、疲惫不堪，到时候，秦国便会像渔夫一样，同时拿下赵国和燕国，坐收其利。因此，我希望大王能够再三考虑发动战争的事情。"

赵惠王顿时恍然大悟，打消了出兵攻打燕国的念头。苏代正是凭着自己的好口才，成功说服赵惠王，令燕国免于战祸。

幽默的口才万里挑一

众说纷纭

你是一个懂得幽默的人吗？生活中，你是否喜欢身边人的幽默呢？

幽默可以给人带来欢欣、愉悦之感，当将幽默运用到口才当中，二者相结合，又会碰撞出怎样的火花呢？

有位哲人曾说过："世界上有一种成就可以使人很快完成伟业，获得世人的认可，那就是讲话令人喜悦的能力。"讲话令人喜悦的能力，其实指的就是言语中的幽默。很少有人会拒绝一个说话幽默的人，这就是幽默的强大魔力。

在与人交谈时，如果想要尽快赢得对方的好感，那么最有效的方法就是展示自己幽默的口才。

国画大师张大千的胡子很长，在一次宴会上，大家闲着无聊，便向张大千讨教蓄须之道，想借此活跃气氛。

张大千蓄胡子本是无意之举，并不想让大家过分关注这点，于是摆摆手说："我给大家讲一个关于胡子的故事吧。据说，关羽、张飞死后，刘备想要出兵为他俩报仇，但是关羽之子和张飞之子都争着要做先锋。于是，刘备就让他们两人分别陈述各自父亲的战功，谁讲得多，谁就当先锋。张飞之子连忙列举了父亲的一系列战绩：'先父当年喝断当阳桥，夜战马超……'关羽之子也不甘示弱：'先父须长数尺，就连献帝都曾称赞他为美髯公。'这时，关羽站在云端，听到儿子的话后十分生气：'当年过五关，斩六将，单刀赴会，这么多战绩你不提，你却偏偏关注我的胡子！'"

听了张大千的话，众人都哈哈大笑，明白了他的言外之意，对他更加敬重了，从此大家都将关注点放在他的画作上了。

巧用幽默口才，轻松化解尴尬

拥有幽默口才的人，总是能轻轻松松化解尴尬的场面，改善在场的人的心情。

一次，作家马可·吐温准备前往一座城市，有人提醒他："那里的蚊子可厉害了，你一定要当心。"

到达目的地后，马克·吐温立刻来到订好的旅店，当他正在办理入住登记时，一只大蚊子"嗡嗡"地在他身边飞来飞去。在场的人都尴尬极了，一边驱赶蚊子，一边连声说抱歉。

马克·吐温却微笑着对工作人员说："贵地的蚊子可比传说中的聪

明多了，它竟然还会先来查看我的房间号码，以便晚上光临！"

在场的人听了，立刻放下紧张的心情，到了晚上，所有人都齐心协力，一起想方设法清除了旅店内的蚊子，让这位幽默的大作家免于被"聪明的蚊子"打扰。

马克·吐温在尴尬的场合中能够利用自己幽默的口才来化解尴尬，在给人增添欢乐的同时，也展现了自己的机智与豁达，因而受到了大家的尊敬和喜爱，这就是幽默口才的独特魅力。

用幽默的话语揭示道理

阿道夫·冯·门采尔是德国著名画家。一天，一位年轻的画家前来拜访他。其间，年轻画家忍不住向门采尔抱怨道："我真的不能理解，为什么我画一幅画只要很短的时间，可是将这幅画卖出去却要花上整整一年！"

门采尔听完后，很认真地回复这位年轻画家："既然如此，那么请你反过来试试吧，假如你能够花上一年的时间去创作一幅画，我想用不了一天，你准能将画卖出去。"

门采尔用幽默的话语揭示了年轻画家所忽略的道理：想要快速成功，须先经过长期努力。

拥有幽默口才的人，总是善于将道理巧妙地融于轻松的话语当中，使人愉悦的同时也能增长人生智慧。

魅力口才，收获魅力人生

一位口才专家曾说过这样一句话："语言是人生命运的纽带。"

的确，在当今时代，人们越来越重视社会交际，而且一个人的说话能力是决定他能否在自己的社交圈左右逢源的重要因素。一个能言善辩、拥有绝佳口才的人，往往更容易收获令人羡慕的魅力人生。

因此，人们要想取得成功，除了精通自己的专业之外，口才也是一项必不可缺的技能。在很多时候，口才的好坏甚至可以直接决定一个人事业的成败，良好的口才也可以成为一个人通往成功之路的基石。

具体来说，拥有良好的口才究竟能给你带来什么呢？

一方面，良好的口才可以给你带来好机遇。在机会面前，有的人斟酌再三，却不知该如何出言争取，而拥有良好口才的人，轻轻松松就能说服旁人，获得自己想要的发展机遇。

另一方面，良好的口才可以使你的事业发展更加顺利。在工作中，如果能够在各种社交场合充分利用自己的良好口才，处理好工作当中各种错综复杂的人际关系，那么不仅可以帮助自己与同事融洽相处，获得客户的信赖与支持，还有助于自己得到领导的赏识与认可，这些都有利于自己在接下来的工作中大展宏图，更好地实现自己的工作目标。

总之，一个人如果拥有良好的口才，并能充分发挥自己的口才优势，令他人信服，就能使自己的人生道路更为顺畅，并最终收获自己的魅力人生！

妙语连珠

国王与农夫

有一次，一位国王突然心血来潮，决定微服私访。期间，他看见一个农夫家里堆满了布，但是农夫还在和农妇一起不停地织着布。

国王觉得有些奇怪，便走过去问农夫："为什么要织这么多的布呢？"农民头也不抬地回答："这些布都是要用来卖钱还债和吃利息的。"

国王更加困惑了："既然欠了钱要还债，怎么还能有钱吃利息呢？"农夫解释道："我要赡养辛苦养育我的父母，这是还债；还要抚养将来也会赡养我的五个孩子，这是利息。"

国王听完后，觉得农夫说的话很有意思，于是命令他不许再将刚才这番话说给别人听，否则就将他处死，农夫答应了。

结束微服私访后,国王问宫中的大臣:"假设有一个农夫,他每天都在不停地织布卖钱,为了还债,也为了吃利息,这是为什么?要是谁能回答上来,我就任命他为宰相。"

宫中的大臣没有一个能回答出这个问题,但是有一个大臣悄悄派人找到了国王遇到的那个农夫,并以1000个金币为交换条件,从农夫口中得知了问题的答案。

国王听了这位大臣的回答,知道是农夫泄露了答案,于是气愤地找到农夫,想将他处死:"我说过,除非当着我的面,否则不能对任何人说出答案,现在你违背了自己诺言,应该被处死。"

只见农夫不慌不忙地解释道:"尊敬的陛下,我确实是当着您的面说的呀!不信您看这些金币。"

原来,这些金币上都印着国王的头像,国王听了农夫的解释后,就无奈地放了他。

农夫凭借自己的好口才,成功地逃过一劫。

第二章
轻松表达,一开口你就赢了

你相信有些人一开口就能赢得人心吗?可能你会心存疑虑,但事实的确如此。西汉时期的东方朔、三国时期的诸葛亮等,这些著名的历史人物都是一张口就赢得人心,也是赢得人生的鲜活例子。当然,做到出口成章且触动人心,除了要心中有数、胸中有墨、脑中有智慧,还要掌握基本的表达与沟通技巧,比如控制语调,巧用眼神交流等。学识加技巧,轻松自信表达,一开口你也能赢!

开口前的观察与倾听

众说纷纭

如果一个人只顾自己滔滔不绝地说个没完，丝毫不顾及周围人的心情，那么能称赞这个人口才好吗？如果一个人总是打断别人的讲话，迫不及待地想要表达自己的观点，那么能说这个人会沟通吗？很显然，有这两种情况的人都不能称赞他们口才好和会沟通。那么，你知道开口讲话前首先需要做的是什么吗？

那些不顾及他人，只顾自己说个不停的人；那些打断别人，只想自己讲话的人，不仅算不上口才好，甚至是情商低、没礼貌的表现。

你会发现，那些本身口才非常好的人，往往都不急着去发表自己的观点，他们善于观察和倾听，能够抓住谈话核心，当他们一开口时，便能赢得全场的关注。

善于观察，说话更显情商

历史上，西汉时期的韩信因口无遮拦，甚至当众顶撞刘邦，而落得个被猜忌，最终被杀的悲惨结局；而唆使韩信叛乱的蒯通却凭借察言观色的本事和过人的口才，让刘邦免其一死，而且还成了相国曹参的宾客。韩信和蒯通这两人的不同结局不得不说和是否懂得观察有着莫大的关系。

在开口之前，善于观察，才能让自己说话更显情商，也才能让自己说话更有分寸。那么，善于观察，到底要观察什么呢？

第一，观察周围的环境和场合。

环境和场合通常对人们的语言起着一定的限定作用，它要求人们说与之相适应的话语。所以，我们在开口说话之前，首先要观察一下周围的环境和所处的场合，切不可不顾场合而信口开河，这样可能是自己一时说痛快了，说了不该说的话或得罪了在场的某个人而不自知。韩信就是因为不顾场合、不顾说话对象随意说话而被记恨，最终落得个被杀的结局，令人唏嘘。

第二，观察对方的言辞和表情。

人们常说，说话时要懂得察言观色。所谓察言观色，就是通过观察对方的言语和脸色来揣测对方的心理。察言观色并非曲意逢迎，而是蕴含着高深的学问。一个人说什么样的话，有怎样的表情，都反映着其心理活动，我们在开口说话前如果能听到对方话语的弦外之音，捕捉到对方的微表情，在开口说话时就能将话说到对方的心坎上。

第三，观察对方的心理。

这其实是观察言辞和表情的进一步深化。无论是观察场合，还是观察对方言辞或表情，抑或是观察对方的一些肢体动作等，归根结底都是为了了解对方的心理。抓住了对方的心理，接下来的说话内容才会更有针对性，也才会更有力量。蒯通就是因为抓住了刘邦的心理，最终才有一个和韩信截然不同的结局，着实令人惊叹。

由此也可以看出，言语所蕴含的力量是巨大的，正如德国诗人海涅所言："言语之力，大到可以从坟墓唤醒死人，可以把生者活埋，把侏儒变成巨无霸，把巨无霸彻底打垮。"因此，在说话前，一定要认真观察。

你会发现，那些成功人士往往非常善于观察，懂得察言观色，而且说出的话得体有分寸，彰显高情商。反观那些不懂得观察的人，往往容易说错话得罪人，最终身边的朋友所剩无几，社交圈子也越来越小。

用心倾听，交流更加有效

开口说话前，要做好两手准备，一是善于观察，二是用心倾听。

交流总是伴随着说和听进行的，但听绝对要排在说前面，不以听为基础的说将没有意义。就如古希腊哲学家德谟克利特所说："只愿听而不愿说，是贪婪的一种形式。"

不过，听也不是随意听，而是要用心去听，这样不仅会让对方觉得自己被尊重，而且也能抓住对方讲话的核心，使接下来的话语更有重点，直击人心，交流也会更加有效。

法国作家伏尔泰指出，"耳朵是通往心灵的路"，这也说明倾听的重要性。既然倾听如此重要，那么应该如何倾听呢？

第一，以一个正确的态度去倾听。

要特别注意，听的时候，态度决不能随意，试想谁会愿意和一个态度随意、漫不经心的人聊天呢？所以，在听的时候态度一定要端正，要让对方感受到你的用心、真挚和尊重。在倾听的过程中，我们可以做出积极的回应，比如适时回答"是的""的确是这样"，也可以重复对方的话，还可以加以适当的提问，比如"然后怎样了？"这会让对方感觉你对他的讲话内容很感兴趣，从而更加愿意和你交流。

第二，耐心地听对方把话说完。

交流中的一个禁忌就是打断对方讲话，没有人会喜欢自己的讲话被打断，讲话被打断会让人心生反感。一方之所以会打断另一方的讲话，无非是对对方讲的话不感兴趣，没有耐心再继续听下去了。一旦被打断，讲话的一方必将心中不快，也会认为自己不被尊重，接下来的沟通自然不会畅通。

第三，巧妙使用肢体语言。

在倾听时到底用不用心，你的肢体语言也能体现出来。比如，不经意间的打哈欠，时不时地看向其他方向，双手捏来捏去，这些肢体动作都说明了你的不耐烦。所以，在倾听对方讲话时，要杜绝这些小动作。同时，也要做出一些表达愿意倾听的积极动作，如适当地点头，脸上保持微笑，适时地靠近对方等，这会让对方感觉到你对他的讲话内容是感兴趣的。

　　一些成功人士总能将倾听这一艺术发挥得淋漓尽致，他们有交心的朋友，有温暖的家庭，不是因为他们说得多，而是因为他们听得多。而那些一事无成的人根本没有倾听的耐心，有的只是无尽的托辞和抱怨。

调控语调

学生时期，我们在朗读课文时，经常被老师要求语调要抑扬顿挫，声音不要一成不变，要有高低起伏变化，并且富有节奏感。实际上，我们在讲话过程中也要有抑扬顿挫之感，也就是要控制好我们的语调，让我们讲话的语调更丰富、更生动、更有感染力。

试想，哪一位成功的演讲者不是调控语调的高手，他们演讲时或慷慨激昂，或低回婉转，将语调拿捏得准确到位，下面的听众也随之或热血沸腾，或内心悲伤，与之产生共情。

那么，在讲话过程中，如何调控语调是值得我们思考的一个问题。这里有以下三个建议。

第一，语调高低起伏有变化。

英国诗人威·柯珀指出，声音能引起心灵的共鸣。其实，语调也是内心状态的一个反映，传达着内心世界的很多信息。因此，语调要丰富，要有高低起伏变化，该上扬时要上扬，该下沉时要下沉。

声音上扬，会表现出一种积极的情绪和状态，会让人更愿意和你交流。而声音下沉，会体现出一种沉稳、庄重、自信的状态，会让人更加信任你。

第二，音量要合适。

在讲话时，要寻找一个合适且自信有力的音量，这样就不会因为声音太小而让人听不清，也不会因为声音太大而被人嫌弃聒噪。

> **妙 语 连 珠**
>
> ### 场合不同，音量不同
>
> 小美在朋友、同事的眼里是一个特别会说话的人，大家都说听她说话很舒服。
>
> 大家不知道的是，除了表达清楚，小美很注重在不同场合合理控制语调，让自己的语言总是温柔有力、不粘腻、不聒噪。
>
> 在会议上，小美音量适中、坚定有力。在办公区域与同事讨论，小美语调缓和，音量轻柔，保证对方能听清，又不会打扰其他人。在嘈杂的地方与人交谈，小美语调音量有力，但不聒噪，对方自然听着也舒服。

第三，语气要温和。

做到语调生动其实并不难，难的是做到语气温和。温和的语气体现出一个人的气质和素养，也有着极强的感染力，让人更愿意接受，也更愿意与你沟通。所以，讲话时要积极正面，同时保持一种温和的语气。

管理情绪

众 说 纷 纭

在与人交流过程中,你有没有被人冒犯或攻击过?被人冒犯或攻击后,你是立刻回击,还是隐忍不发?你是一个能够管理好自己情绪的人吗?你又是如何管理的呢?

每天早上,从我们一睁眼开始,我们的情绪也就苏醒了,并时刻伴随我们。我们的情绪复杂多样:或喜悦,或失落,或惊讶,或悲哀,影响着我们的心境,也感染着别人的情绪。

在这个快节奏的社会,我们时常会因为对方的一句话或者不同的意见而暴跳如雷,和对方争执不休,闹得无法收场,既伤了感情,也得不到自己想要的结果,最终得不偿失。

我们都知道,与人沟通时要和气,不要因为对方的一句话就方寸大乱,但要真正做到控制好自己的情绪是很难的。我们该如何去做呢?早在唐朝时期,寒山、拾得这两位大师的对话就给出了答案。

寒山问拾得曰:"世人谤我、欺我、辱我、笑我、轻我、贱我、恶我、骗我,如何处置乎?"

拾得云:"只是忍他、让他、由他、避他、耐他、敬他、不要理他,再待几年你且看他。"

两位大师的对话告诉我们,当我们被人冒犯的时候,不必着急去争辩,先管理好自己的情绪,具有容人之心,不和对方一般见识,对方自然就不会自讨没趣了。

我们会发现,那些成功、自律、有修养的人们从不允许自己被情绪控制,因为他们知道,如果不能做情绪的主人,将会成为情绪的奴隶,这将严重影响他们的人生发展。这些人堪称情绪管理大师,说话做事沉着冷静,因此他们总是有较好的人缘和广泛的交际圈。

我们也应如此,在与人交谈的过程中,当对方提出不同的意见或者有意/无意冒犯,我们都应管理好自己的情绪,冷静应对,用一颗容忍之心去包容不一致的意见,以一颗智慧之心去化解矛盾。

巧用眼神交流

都说眼睛是心灵的窗户，一个人的眼神能透露出他的心理活动。眼神闪烁不定，内心必定不安；眼神坚定有力，内心必然坚强自信。

在日常交流过程中，领导的一个赞赏的眼神，会让我们信心倍增；在演讲过程中，观众的一个肯定的眼神，会让我们倍受鼓舞。他们都是在用眼神与我们交流，而我们在交流中也应把握住眼神的这一神奇作用，学会用眼神进行交流。

第一，与某个人交流时，目视对方，但时间不宜过长。

在与某个人面对面交流时，眼神不要来回躲闪，要看向对方，并且眼神坚定，否则会被对方认为自己不被尊重。不过，不能一直盯着对方不放，否则会让对方感到不自在，很有可能会想要尽快结束和你的对话。通常可以每5秒打断一下眼神交流，此时眼神尽量不要向下，可以向上或两侧，就好似你在思考一样。

第二，与多人交流时，眼神要兼顾众人。

当面对多个人进行交流时，不能只盯着一个人，这样会让其他人有被忽视的感觉。应该与每个人都有短暂的眼神交流，你可以在开始一句话时看向不同的人，这样会让在场的每个人都对你的讲话感兴趣。

第三，用眼神交流时，眼神要温和，态度要诚恳。

无论是与一个人交流，还是与多个人交流，眼神都要温和，体现出真诚的态度。试想，当两个人交流时，一方眼神冷漠，飘忽不定，透露出各种不耐烦，另一方怎么会愿意继续和他交流呢？所以，在交流过程中，我们应眼神温和，态度诚恳，表现出对对方讲话内容感兴趣，让对方感受到我们的善意和诚意，愿意同我们继续交流。

当然，用眼神进行交流的技巧还有很多，而且根据不同的环境会有所变化，这里不再一一介绍。

总之，在与人交流时，眼神不可太过死板，要灵活自然，要知道用眼神说话更能撩拨人心。

注意你的微表情

你相信吗？你的表情会"出卖"你的内心。无论你是否相信，这都是客观存在的事实。

人的面部表情，是人内心思想的外在表现，任何一个微小的面部表情，都深刻反映着内心的某个想法，甚至比语言更加有力和深刻。正如法国作家罗曼·罗兰所说："面部表情是多少世纪培养成功的语言，比嘴里讲得更复杂到千百倍的语言。"

既然微表情如此重要，那么我们如何在交流中巧妙运用微表情来增强感染力，提高社交效果呢？

第一，嘴角上扬，展现动人微笑。

微笑有一种无形的黏合力，它可以瞬间拉近人与人之间的距离。面部微笑可以表达多种情感和态度，如开心、满意、赞扬、亲切等，当我们面露微笑时，对方就能从中感受到我们诚恳的态度，从而更愿意与我们沟通。所以，在进行表达、与人沟通时，我们要时刻保持微笑，让微笑成为我们成功社交的帮手。

第二，有效发挥眼睛的作用。

眼睛是通往心灵的大门，每一个眼神都代表着一种内心思想，所以在表达、沟通，尤其是演讲中要充分发挥眼睛的作用。以演讲为例，在演讲过程中，当我们想要表达崇敬之情时，就可以仰视，眼睛看向远方；当我们想要表达关爱之情时，就可以俯视观众；当我们想要和观众交流时，就可以环视观众。总之，就是在和观众互动时，要充分发挥眼睛的作用，用眼睛和观众沟通。

第三，充分发挥眉毛的功效。

我们的心理活动会带动眉毛的活动，而反过来，我们的眉毛也会暴露我们的心理活动和心情。眉毛上扬，表示惊讶、喜悦之情；双眉紧皱，表示困惑、忧伤之情。对此，在日常交流过程中，我们也应充分利用我们灵动的眉毛，让它帮我们传递情感，促进交流高效进行。

通过观察会发现，那些成功人士、优秀的演讲者或者著名的播音员，总是善于运用微表情，让讲话更加生动，更富感染力。

有一位演讲者，他富有学识和智慧，口才更是了得。但在几次演讲完之后并没有获得预期的掌声和观众的肯定，为此他感到十分苦恼。

回家后，这位演讲者将自己的心事告诉了他的妻子，他的妻子安慰了他并说下次要去看他演讲。在又一次的演讲之后，取得的效果依然平平，演讲者陷入了困惑之中，但他的妻子发现了原因。回家之后，他的妻子告诉他："你的演讲非常流畅，而且富有逻辑，但缺少表情变化，没有用眼神与观众交流，下次你尝试着加入一些表情，并用眼神与观众沟通，说不定效果会不一样！"

演讲者听了妻子的话，在家里对着镜子练习自己的表情。在接下来的一次演讲中，他微笑着对着观众，用眼神与观众交流，再加上他流利的话语，这次演讲大获成功。演讲者面对不断鼓掌的观众，激动不已。

这个故事给了我们启示，没有人会愿意和一个面无表情、眼神呆滞的人交流。所以，我们要善于运用微表情，让微表情来帮助我们更好地表达和交流。

用好肢体动作

肢体动作与内心有着直接的关联，它是内心思想的外在表现。奥地利心理学家弗洛伊德曾指出，凡人都无法保守秘密。其意思是，人们可以沉默不语，但一些潜意识的肢体动作会暴露内心的秘密。

肢体动作总是与语言作伴，如同语言的帮手一般辅助表达与沟通的高效进行。甚至，肢体动作会先于语言表达某种意思。

没有哪个人在与人交流的时候只是呆板地站在或坐在那里一动不动，即便有这样的人，我们是不是觉得有些别扭？你会发现，那些成功人士、演说家和主持人总能有效运用肢体动作来辅助交流，一个挥手、一个耸肩、一个踱步，都能表达深刻的含义。

不过说来容易做来难，我们又该如何用好肢体动作呢？简要来说，需要做好以下几点。

第一，手势自然。

人在说话的时候，手势用的是最多的。不过在用手势辅助表达与沟通时要注意具体的场合。在日常社交过程中，手势动作幅度不用太大，与语言相配合即可。在表演、演讲等场合，手势动作就可以幅度大一些，幅度太小就会显得局促、不大方。而在面试场合，手势动作最好不要太多，可以将双手放在腿上。

需要注意，在交流过程中，手势要自然，切不可胡乱比画，也不要捏弄拇指，更不要用手玩弄其他物件，这些都是不礼貌、不自信的表现。

第二，身姿挺拔。

一个身姿挺拔和一个身姿松垮的人同时站在你的面前，你会觉得哪个人更有气质、更自信？答案自不必说。身姿松垮的人站在众人面前，还未开口讲话，形象几乎就毁掉了一半。所以，我们在与人交流时，要注意自己的身姿，做到站如松、坐如钟，身姿挺拔，这样不仅能彰显我们自信的气质，也能让对方更愿意与我们交流。

第三，踱步洒脱。

人们在讲话时通常不会站在一个地方一动不动，比如在演讲台上、在新品发布会上，人们会来回踱步，甚至两个人交谈时，也不会站立不动。

不过踱步可不是随便走来走去，也不是机械、僵硬地踱步，而应自然洒脱，动作要灵活。这就需要我们在平时多加练习，我们可以参照视频或对照镜子来练习，也可以让朋友帮忙录制视频来不断复盘，具体可以选择适合自己的方式。

总之，无论在公共场合，还是日常生活中，在与人交流时都要注意自己的肢体动作，发挥肢体动作在交流中的作用。

当众讲话不心慌

每个人都当众讲过话，每个人也都要当众讲话，这是社交所必需的。有些人当众讲话时轻松自在、谈笑风生，仿佛这是一件再平常不过的小事。而有些人当众讲话时，脸红心跳、紧张无助、声音颤抖、大脑一片空白，完全忘记自己要说什么。

后一种人，他们十分苦恼，明明已经提前准备得很好了，不知道为何一当众讲话，就紧张心慌、词不达意。如何才能做到当众讲话不心慌呢？

第一，正视紧张这件事。

我们需要明白，当众讲话会紧张，是很正常的一件事，而且也并非坏事，俗话说："有所欲必有所惧"。我们需要弄明白自己因何而紧张，是因为害怕面对受众，是担心得不到受众的支持，还是担心被人嘲笑？明白了这些，就能有针对性地去解决问题。

第二，勤加练习。

归根结底，当众讲话紧张还是因为练习少，所以应多多练习，这对克服紧张、流利表达非常有帮助。你可以对着镜子自己练习，通过镜子发现和纠正自己的问题；也可以对着朋友和同事练习，通过朋友和同事的评价来不断提升自己；还可以通过录音进行练习，就是录下自己说的话，然后回放，从中发现问题并加以纠正。相信通过无数次的练习，定能克服紧张情绪。

第三，不必"在意"听众的反应。

当面对众多人的目光时，做到完全放松其实并不容易。既然在乎听众的反应不仅无助于讲话，还会让自己因紧张而乱了方寸，不如对听众的反应"视而不见"。只要一心想着自己上台讲话的目的，并达到这一目的，我们会发现当众讲话并没有那么可怕。

第四，保持一颗平常心。

庄子有言："外重者内拙。"意思是说，做事情太过用力，反而会连平时能够轻松完成的事情都做不好。所以，在讲话之前，不如放轻松，保持一颗平常心。保持一颗平常心，可以通过一些自我暗示来实现，比如自己告诉自己：紧张也没关系，没什么大不了的，一切顺其自然，就算结果不好也没关系，大不了重新再来。一番心理暗示下来，心理压力会小很多，再当众讲话不仅不会心慌，甚至可能一鸣惊人。

第三章

说话有门道，语言表达有逻辑

> 生活中，有些人说话顺畅、清晰、有条理，让人容易理解；有些人说话啰唆混乱、毫无头绪，让人不知所云。
>
> 掌握说话的技巧与方法，你说出的话会逻辑清晰、观点明确、语言流畅、用词精准，别人会更愿意听你说话，你也会赢取更多表达和展示自己的机会。

观点清晰，逻辑自洽

―― 众 说 纷 纭 ――

在与他人沟通聊天的过程中，当你心中就某件事情形成一个观点时，你会直接将观点讲述给他人，还是会经过几次思考之后再发表意见？

其实，要将自己的观点清晰、准确地表述出来，需要比较强的语言表达能力。那么，你知道有哪些表达技巧和方法吗？

想清楚，再表述

在日常的沟通中，你是否常常会出现讲话讲不清、表述混乱的状况？要知道，造成这种状况的原因，往往是你还没有想清楚自己真正想表达的是什么就已经开始说话了。

通常，在与人沟通的过程中，从一个观点在你脑海中产生到你将这个观点简单明了地表达出来，是需要很多个必要的步骤的，列举如下。

第一步，当与他人谈到一个话题时，你脑海中会出现一个观点或想法，但是这个观点含混不清。

第二步，弄清楚这个观点中的各个要点以及它们之间的联系，用一个合理的逻辑去连接这些要点。

第三步，选择简单的句式与合适的词语将你的观点大概地组织起来。

第四步，调整并确定你的语气，用合适的语气讲出你的观点。

如果你常常觉得无法清晰地表述观点，那么你的观点很可能只停留在第一和第二阶段，即有一个初步的观点之后便急切地开口，或者没有找到合适的措辞句式之前，就开始向他人诉说自己的想法，如此便很容易让你的表达陷入混乱。

孙璐和郑芳是在一次志愿活动中认识的，两人都是热心志愿活动的人。有一次两人参加完志愿活动后一同乘车离开，路上不免交谈几句，孙璐这才知道郑芳与自己的大学同学王周是同事，因为好久没有联系，她便向郑芳询问王周的近况。

郑芳说，王周对公司的同事很好，大家都挺喜欢他；又说王周工作的时候不认真，经常打瞌睡、玩手机……郑芳啰啰唆唆地一直在跟孙璐讲王周的事情，讲着讲着又扯到了别的话题，直到孙璐要与她分开的时候，郑芳还在说话，而且没有停止的意思，孙璐只好打断她下了车，此后便很少与郑芳一起去参加志愿活动了。

显然，当孙璐询问王周近况的一瞬间，郑芳在脑海中就形成了很多对王周的看法，但她没有将这些看法加以组织和分析，就不加思考地开始讲话，到最后讲了不少，但毫无逻辑和重点。

当不知道如何讲述自己的观点时，不要贸然地去讲述，最好将观点梳理几遍，明确重点之后再表达。

表述具体，避免误会

向他人讲述自己的观点时，经过梳理后用简洁明了的语言表述出来，是一项非常重要的能力。但要注意的是，简洁明了与空洞概括是完全不同的。空洞概括是指在表述时虽然也简洁，但不明了，说出的话常常让他人领悟不到真正的意图，反倒容易引起他人的误解。

因此，要想让你的观点清晰明了，一定要做到表述具体。

表述具体就是将你的观点具体化、详细化，让别人能清楚地理解你的意思。

某舞队的领队在结束一段时间的集体排练之后，对他的队员说："大家利用闲暇的时间，要勤加练习。"这句话看似简洁明了，但经不起细究，到底怎样才算勤加练习呢？有人觉得每天练一遍是勤加练习，有人认为每天至少练一个小时才是勤加练习。

如果领队说："大家在家每天早晚各练习十遍动作。"这样就显得具体和详细多了，大家也就能够理解其真正的意思。

用词准确，巧用金句

众说纷纭

日常的交谈中，你喜欢使用经典语句吗？当你使用经典语句时，与你聊天的人会有怎样的反应呢？

其实，使用经典的词语、句子，往往能使你的表达更清晰，更有逻辑。但在使用经典语句的同时要确保用词准确，否则就会陷入尴尬的境地。如果遇到这种情况，你会怎样去应对呢？

避免歧义和错误用词

歧义用词是指某些词放在某些句子中能够产生两种不同的意思，容易使人产生误会。在平时的交谈中，能够形成歧义的句子有很多，比如"他和我说的一样"，这里可以理解为"他说的话"和"我说的话"一样，也可以理解为"他这个人"和"我所说的情况"一样。再比如，"他已经走了半天了"，可以理解为"他走路"已经走了半天了，也可以理解为"他离开某个地方"已经半天了。

错误用词是指在讲话中用错了词句，这常常会引起他人的误解，也让讲话者陷入尴尬的境地。比如，当你想评价一个人可敬可爱的时候，不小心说成了"可笑"，那么这种"称赞"就完全变了味儿。

那么，在说话时该如何有效地避免歧义，又该如何杜绝用词不当的状况呢？有以下三点建议。

第一，在说话前，先在大脑中快速地过一遍，确保语句没有歧义或者没有出现用词不当的状况，再从容地讲述。

第二，在使用某些词语之前，一定要知道其准确的含义和感情色彩。如果不清楚某个词语的含义和感情色彩，便不要随意使用它。

第三，紧跟时代，了解现下流行的语言。在网络发达的当代，很多以往流行的词语已经不再是原来的意思，如果再拿来使用就很不合适了。

经典语句，让表达更明晰

有时候，当你心中产生一个想法但不知如何才能表达清楚时，如果能够用到合适的经典语句，不用长篇大论，也能将想法表达得很清楚、很贴切，这就是经典语句的魅力。

小刘在创业中遭遇了挫折和失败，在极其痛苦的状态下，他选择向好朋友小王倾诉。

面对小刘的倾诉，小王显得有点无措，不知该说什么好。突然他想到了"乘风破浪会有时，直挂云帆济沧海""没有失败就没有成功"等经典名句，这些就是他此时想要对朋友讲的话。小刘听到小王的鼓励十分感动，内心也慢慢地平静了下来，开始总结自己失败的原因。

当亲友处于失意时可以用抒发豪情壮志的诗句安慰对方，当对方取得不错的成就时，也可以借助诗句或网络热句来称赞对方。

一天，王媛接受邀约与多年的朋友李倩一起吃饭，两人见面后，王媛便从李倩的脸上看到一丝喜悦，经过询问才知道，李倩做了多年的科研项目终于完成了。

李倩在做科研的过程中，反反复复经历的失败王媛都是知道的，她更知道李倩的不容易和辛苦，但面对当下这样一个可喜可贺的结果，王媛又觉得大加赞赏有点浮夸和不真诚，不予祝福也必然不行，想了想她对李倩说："一切都是最好的安排，付出总会有回报。"李倩听了内心也无比温暖。

以上的两个故事中，小王和王媛都使用了一些经典的语句，来表达自己心中对朋友真诚的鼓励和祝福，而且效果非常好，可见经典语句在沟通表达中会起到非常关键的作用。

主次要分明，条理要清晰

> **众说纷纭**
>
> 在与人聊天时，就某个主题，你是否常常会想到很多想要表达的观点？在这样的情况下，你会随便抓起某个观点就开始讲述，还是会围绕主要的观点深入去谈论呢？

如果你在与人交流的过程中不能抓住谈话的重点，而是想到哪里就说到哪里，并且想要将自己所想到的都说出来，那么最终只会使谈话偏离主题，使说话的逻辑陷入混乱。

说话没有主次、逻辑混乱的人常常会令他人感到不耐烦和不舒服，试想，有谁会喜欢说话啰唆的人呢？因此，说话要把握主次，删繁就简，围绕主题展开。这样，在人际交往中才不会失去人心。

冗长的叙述会让人厌恶

在交流中,如果你不能利落地切入谈话的主题,那么后面不管你讲多少,他人很可能都无法再集中注意力去听你讲话了。

因此,不论是正式的交流还是日常的交流,精练简洁、直击主题的开场白都显得非常重要。以下便是一个开场白冗长的例子。

有一天,江哲和自己的朋友南斌正在谈论如何能快速升职加薪的问题。谈话时,南斌开场直接说:"要想升职加薪,得要提升能力,还得会来事儿,不过那有什么指望呢,还不如换一个安稳一点的工作。我之前的一个同事,人家辞了一线城市的工作后就回老家求职了,压力不大,虽然在小地方,但如今房子、车子都有了。"

江哲见南斌偏离了主题,就说:"人各有志,咱们在职场打拼,能不想升职加薪吗?"然后南斌又快速接上话说:"唉,说到人各有志,你还记得咱们的高中同学小王吗?他大学毕业后没找工作,回家子承父业,帮他爸经营公司了,现在可风光了。还有小李,没考上大学的那个,他现在自己开了一家洗车的公司……"

听到南斌一直这样说下去,并且没有停止的意思,江哲有点不耐烦了,找个借口就离开了。

南斌的这种交流方式就是开场白冗长、啰唆的典型,而且一旦开场白太长,就很容易偏离话题。如果在谈话中只是随心所欲地说自己想说的,就会忽视他人的感受,这样很容易让他人感到厌恶,并且不想再继续聊天。

围绕主题，聊天更顺畅

交谈中，随心所欲、想到什么就说什么的人常常会偏离主题，引得他人不耐烦，但这些人很多时候都是不自知的，而且还认为自己特别善于表达。因此，如果你想纠正与人交谈中容易偏离主题的问题，首先要意识到自己说话啰唆和逻辑性差的问题，这样在以后的聊天中才能不断地自我警醒，有意识地去抓说话的主题，使得说话主次分明、条理清晰。

然而，说话能够围绕主题，做到主次分明，并非只认识到自己的问题就可以，还要有在日常的交流中把握和提取谈话主题的能力。

一些相对正式的谈话一般都有明确的主题，在这样的情况下参与谈话的时候，你只需要牢记这个主题，然后围绕主题展开谈话即可。一旦感觉自己的话题有所偏离，就要及时回归到正题上，这样你的表达能力就会有很大的提升。

相对于有明确主题的谈话，一些没有明确主题的、日常性的谈话更加容易出现逻辑混乱、主题不清的状况。这时候你首先要学会提取自己说话的主题，即想清楚自己想要表达的核心内容是什么，然后围绕这个核心展开你的表述。其次，在听他人说话时，你也要尝试提取他人说话的主题，这样有助于你提高提取说话主题的能力，也能让你与他人的聊天更顺畅。

有一天，小田和艾艾聊天，小田说："以前上学的时候，我很少有买水果和酸奶的想法，一日三餐都去食堂，现在工作了，收入高了，胃口也挑剔了，每天不吃水果、喝酸奶，总感觉少点什么似的。"

艾艾接话说："啊？你以前都是不吃水果的吗？我从小就吃水果，多吃水果能让皮肤变好，听说有很多化妆品里都有水果的提取物呢，你最近皮肤状态就不错呀，你都用什么牌子的化妆品呢？有没有好用的推荐给我呀！"

听到这样的对话，你会是什么样的感受呢？显然，小田想表达的是，她的生活习惯发生了变化，这种变化是随着经济条件、环境等的变化而变化的。但是艾艾并没有抓住这一主题和中心，而是自顾自地说，话题也换了好几个，很容易让作为交谈对象的小田觉得聊天并不顺畅。可见，学会提取他人说话的主题，并根据对方的谈话主题做出针对性的回应，是非常重要的。

主题的转换与过渡

众说纷纭

当你与说话啰唆的人聊天时,你会任由他说下去还是适时地打断他,并引导他回归正题,或者展开其他的话题?当你对他人的话题不感兴趣或者他人的话题让你觉得尴尬和难受时,你通常是怎么做的呢?

日常的交流中,很少有人能就一个话题一直聊下去,因此在人际交往中常常存在主题转换的问题。主题的转换就是在聊天的过程中转移话题。但转移话题与聊天中的跑题和胡乱岔开话题不同,它是讲究时机和技巧的,是一种说话的艺术。

找准时机，转换话题

转换话题并不是指在聊天中随意地切换主题，而是要在合适的时间，找到合适的机会，使用合适的方式切换主题。此外，转换话题还分为自己转换话题和引导他人转换话题。

◆ 自己转换话题

自己转换话题就是自主地停止自己的上一个话题，转入下一个话题。那么，自己转换话题的时机要怎样把握呢？其实这就需要你在讲话时仔细观察对方的神态表情，如果对方对你的话题不感兴趣，就要想办法转移话题了。

对方是否对你的话题感兴趣，可以从其面部表情、动作等方面去判断。如果发现对方表情比较惊讶或期待，两眼炯炯有神地盯着你，身体微微前倾，并且时不时地说出自己的感受，说明对方对你的话题感兴趣；如果对方听你说话时，一边很敷衍地回应着，一边眼神游离、哈欠连天，身体向后靠，说明他早已对你的话题不感兴趣，这时就要及时地转换话题。

◆ 引导他人转换话题

引导他人转换话题一般在他人讲话比较啰唆、没有逻辑以及偏离主题的情况下进行。此时，你需要有意地将话题引到正题或者再引出另一个话题，阻止其混乱的谈话。

此外，当你对他人的谈话不感兴趣时，也可以引导他人转换话题。

掌握方法，巧妙过渡

转换话题不光需要合适的时机，还需要掌握一些技巧与方法，这样才能顺利且自然地转换话题，同时避免伤了和气或者使谈话陷入尴尬。以下介绍五种转换话题的方法。

第一，巧用感叹词、语气词等，让话题自然地实现转换。比如"哎呀，今天晚上估计又要下雨了！"

第二，及时打断他人的长篇大论，但不伤害他人。比如你走在路上，一个发传单的人与你搭话，并且一直跟随着你，喋喋不休地介绍他们的产品，那么你就可以说："你不用再说了，我有需要会打电话。"然后谈话基本上就能转向结束语了。

第三，巧用"话赶话"，即开辟的新话题要连接上面的话题。比如"你说读书更能引发思考，那么看电影的效果怎么样呢？"这句话说出来，就成功地将话题从谈论书籍转换到了电影。

第四，提取他人讲话的主题。当他人在谈话中开启长篇大论时，你可以抓住其想要表达的关键意思，然后用简短的一句话或几个词做总结。比如，你可以用这样的句式：好，我明白了，总的来说……

第五，讲他人感兴趣的事情。当他人对你的话题不感兴趣时，找准时机，提起可以让他人开心的事情，话题通常就能顺利地被转换了。

妙语连珠

善于转换话题，是人际沟通的智慧

在日常的人际沟通中，人们常会使用一些转换话题的技巧，以帮助自己表达想法或者展开更有趣的话题。善于转换话题的人往往具有非常高的沟通智慧，他们在转换话题时通常能够做到自然而然，不会让对方感受到丝毫的不舒服，孟子与齐宣王谈话的故事就是一个典型的例子。

孟子来到齐国后，齐宣王问孟子："你可以把齐桓公和晋文公（称霸）的事情讲给我听吗？"

孟子回答说："孔子他们未曾讲过齐桓公、晋文公的事情，后世也未流传，所以我也没有听说过这件事情。不过我倒是可以说说王道这件事。"

齐宣王问："有什么样的德行，才可以称王呢？"

孟子回答说："能够使人民安定的人才能称王……"

孟子用"话赶话"的方法，将齐宣王提出的有关称霸的话题自然地引到了其感兴趣的王道的问题上。接下来，经过循循善诱，孟子成功地向齐宣王讲述了他的仁政思想。

把握好说话的时间逻辑

> **众说纷纭**
>
> 如果一个人说话滔滔不绝,但说的内容毫无逻辑、没有重点,让人不知所云,那么能称这个人会说话吗?你知道如何让自己说话更有逻辑、更能被人理解吗?

会说话的人,三言两语就能将事情说明白,不会说话的人,啰唆了大半天,依然让人不明所以。这就是为什么人们常说"说话要有逻辑"。试想一下,说话缺乏逻辑、不分先后,怎么能表达清楚观点,又怎么能有效沟通呢?

所以,说话要有逻辑,不仅要有思维逻辑,还要有时间逻辑。针对讲话而言,时间逻辑就是指按照时间顺序来组织语言内容。一旦说话有了时间逻辑,几句话就能让对方明白是怎么回事。所以,无论在什么场合,说话时都要逻辑清晰、重点突出。

想要做到说话有逻辑,不妨试试以下方法。

第一，不断开阔视野。

开阔视野和说话有没有逻辑有着必然的联系吗？答案是有必然的联系。那些表述不清、说话缺乏逻辑的人，往往视野比较狭小。他们往往会将注意力局限在某一个点上，常会抓住细节不放，没有全局观，说话时自然会缺乏逻辑性。所以，要想说话有逻辑，就要不断开阔自己的视野，要有全局观，看待事物要全面，不要孤立地去看待事物，要学会联想，多角度考虑问题。

第二，说话关注层次性。

有层次具体是指说话有条理，层次分明。在说话的时候可以按顺序说明重点，可以是时间顺序，也可以是空间顺序，还可以是递进顺序等，这样能够使所说的话条理清晰、言之有物。

第三，大量阅读。

"读书破万卷，下笔如有神。"只有博览群书，大量阅读，下笔才能得心应手。说话也是如此，大量阅读对口才表达能力以及表达逻辑性的提高大有裨益。不过要注意，这里的阅读并不是针对所有的书籍，而是应有所取舍，应选择阅读那些偏哲学和推理方面的书籍，这些书籍更能锻炼一个人的逻辑思维能力。在阅读的时候最好是精读、细读，最好伴有自己的思考，同时读完之后自己整理一遍作者的框架，这样自己的逻辑思维也会得到锻炼。

第四，经常写作。

当自己口语表达含混不清时，不妨试着经常写作，通过写作来锻炼自己的逻辑思维能力。写不同于说，写的时候我们有充分的思考时间，我们可以字斟句酌，仔细考虑用词准确与否，思考语句表达是否通顺、符合逻辑。长此以往，不仅我们的写作能力会有所提升，我们的逻辑思维能力也会显著提高，而这也将会在我们说话时体现出来。

第五，积极参加辩论活动。

在阅读和写作的基础上，在条件允许的情况下，可以参加一些辩论活动。在辩论活动中，一个人的逻辑思维能力可以得到充分的锻炼和体现。活动开展前的语言组织过程、论点梳理过程，活动进行中的辩论过程，都能有效提升一个人说话的逻辑性。

在公司的一次设计方案讨论会上，设计部经理让部门员工小刘向大家介绍一下本部门的项目设计方案。小刘忐忑地上台之后说："下面我向大家介绍一下这次的项目设计方案，哦，这次的项目设计方案是我们部门共同努力的结果，在设计方案时遇到了很多困难，这次方案的设计灵感来自生活，嗯……"部门经理有些不耐烦地说："说重点。"最后，小刘只仓促地介绍了一下方案就收尾了。

这次讨论会之后，小刘意识到了自己说话没有层次和重点，缺乏逻辑性，对此他下定决心一定要提高自己说话的逻辑性，争取下次在会议上能有一个完美的表现。

此后，小刘开始阅读书籍，不断写作，学习其他人的说话方式，并一有机会就参加辩论活动来锻炼自己。

终于，功夫不负有心人，在之后的公司会议上，小刘的讲话条理清晰，重点突出，不仅方案顺利通过，而且表达能力也获得了众人的肯定。

其实，说话没有逻辑不可怕，只要勤加练习，持之以恒，定能有所收获。

  我们应该认识到，不是所有的人生来都能说会道，也不是所有的人讲话都富有逻辑，但是我们可以在后天勤加练习，通过后天的练习来提高说话的逻辑性。相信当我们说话富有逻辑性后，在与人沟通中定会取得良好的效果。

第四章

高情商沟通，不同场景恰当说

> 沟通影响着我们的人际关系，而高情商的沟通，是我们立足社会的资本。
>
> 朋友聚会时，如何得体沟通，活跃气氛，展现你的社交魅力？求职应聘时，如何正确沟通，展现出色的自我，得到自己喜欢的工作？陷入困境时，如何有效沟通，打动他人，得到别人的帮助？
>
> 掌握高情商沟通，让你在不同场景中应对自如！

朋友聚会

朋友聚会时，少不了天南地北地闲聊，在闲聊的过程中，会说话的人很容易就会让身边的朋友把话匣子打开，气氛一片融洽；而不会说话的人，则可能一句话便"把天聊死"，让聚会陷入"无声"的尴尬。

要想在聚会中更好地与人聊天，活跃气氛，展示自己的社交魅力，你需要掌握一些聊天的小技巧。

关注他人需要什么

聊天时，首先要知道对方有什么需要，即想从你这里得到什么。

在一次朋友聚会中，晓芳与身边的朋友说起了话："我们主管实在是太唠叨了，我今天不小心把一份文件复印错了，他竟然在公司说了我一整天！"

晓芳的一个朋友曼曼听了，连忙接过话茬："哎呀，你还是赶紧换个工作吧，就你们那个破公司有啥好待的，我真是搞不懂你为什么还要留在那里，要是我，早就辞职不干了！"

听了曼曼的话，晓芳面露不悦，大家都觉得有些尴尬，一时之间都不知道该说什么好了。在接下来的时间里，大家都没有再和曼曼说话。

其实，晓芳只是在聚会中和朋友吐槽一下自己的主管，并不一定是对自己的主管及现在所在的公司有多么不满，大家只要随声附和一下就好了，最好还能分享一下自己与同事在工作时发生的一些事情，给这次的聚会增添一些有意思的话题，使气氛活跃起来。

然而，曼曼并没有注意到晓芳与人聊天时的心理需求，不假思索地给晓芳提了一个自以为很不错的建议，最终导致这场聚会只能尴尬收场。

所以，当我们在与他人沟通时，要学会透过表面看本质，要关注对方的实际需求，否则所有的沟通将是无效的。

不随意对他人进行评价

在周末的朋友聚会上，陈欣和朋友们说："我男朋友太让我失望了，昨天是情人节，他竟然没有给我准备礼物！"

陈欣的朋友李楠听了之后，脸上立刻表现出嫌弃的表情："啧啧，你男朋友还真是小气！"

听了李楠对自己男朋友的评价，陈欣非常生气，立刻回了一句：

"你男朋友才小气！"就这样，两个人你一言我一语，开始攻击对方的男朋友，在场的其他朋友只好停止交谈，劝说她俩，原本和谐的聚会气氛全被破坏了，大家最后都是扫兴而归。

可见聊天时，切忌随意对对方提及的人进行评价，尤其当那个人是对对方来说比较重要的人时，随意甚至负面的评价很容易惹恼对方。

求职应聘

众说纷纭

求职应聘时,与面试官短暂的沟通就会决定你能否获得想要的工作,因此这时候的沟通自然是需要格外重视的。

那么,面试时的沟通应该注意些什么呢?如何说话才能使自己赢得面试官的青睐?又有哪些"雷区"是不应该触碰的呢?

在求职应聘的过程中,你与面试官的沟通一般都始于你的自我介绍,这是极其关键的一个环节,也是比较难把握的一个环节。要想在面试中给面试官留下比较好的第一印象,那么就一定要重视这个沟通环节。

在见到面试官后,首先要有礼貌地向对方问好,感谢对方给予自己面试的机会,接下来就可以简单地做自我介绍,并介绍自己的基本情况与应聘意向。

面试时的自我介绍应该注意具有条理性，让面试官能够在短短几分钟的时间内认识你，并且记住你。

当面试官问及你的工作经历或者在校期间获得的荣誉时，一定要注意不能使用过于明显的赞美之词，比如"我在上一家公司的业务能力名列前茅，深受老板器重""我在大学期间获奖无数，是学校里的风云人物"等。正确的做法是谦逊地阐述自己的一些能力与成绩，并透露出自己并不会止步于此，希望能够有一个像对方公司那样好的工作平台让自己发挥。

林敏在大学毕业后参加了一家公司的面试，在与面试官进行面试沟通时，面试官问到了她的专业能力，林敏是这样回答的："我的专业是室内设计，通过大学四年的学习，我的专业基础还算扎实，大四的时候跟着老师一起参加了本市的室内设计大赛。"林敏将自己的设计作品拿出来递给面试官，然后继续说道："这是我当时的参赛作品，请您指正。"

面试官认真看了看林敏的作品，随后点了点头："不错，大学时能做出这样的作品，还是很难得的。"林敏见面试官对自己的专业能力表示认可，连忙回应道："学生时期的作品还是比较稚嫩的，我会在工作中继续磨炼自己，不断提高自己的专业实践能力。"

林敏在面试时的谈话谦逊有礼，而且适时地表现出了自己优秀的专业能力和积极热情的工作态度，最终获得了面试官的好评，顺利在自己心仪的公司入职。

从林敏成功的面试沟通中可以看出，面试官比较看重的是求职者的专业能力（或工作能力）和工作态度，因此在面试时的自我介绍中，切忌过分表现自己，说一些与工作无关的事情。

张昊在参加公司面试时，就犯了过分表现自己的错误，在向面试官介绍自己时，张昊说："我的爱好广泛，唱歌和吉他比赛都拿过奖……"

张昊的这些爱好与自己正在面试的工作岗位完全不相符，所以虽然他很优秀，但是最后并没有被录用。

寻求帮助

向别人寻求帮助时，少不了与人沟通，但有的人能寻求到帮助，有的人则不能，这就是会说话与不会说话的区别。

明朝开国皇帝朱元璋在穷困潦倒之时投奔了郭子兴，之后才过上了吃穿不愁的生活，因此对郭子兴一直心存感激。

有一次，朱元璋听说郭子兴被人绑架，于是找到了将军彭大，但是彭大拒绝出手相救，朱元璋则对彭大说："郭子兴钦佩将军您，因此待您极好，但是却因此得罪了旁人，他们现在绑架了郭子兴，其实就是在表示对您的不满啊！过不了多久，他们也一定会像对待郭子兴那样对待您的！"彭大听了大惊，立刻答应帮助朱元璋一起去将郭子兴营救出来。

可见，想寻求他人的帮助，一定要有很好的沟通能力，要掌握好说话的分寸和技巧，能够让他人听了你的话之后愿意去帮你。

安慰他人

当有人向你吐露自己的负面心理感受时，比如"好烦""好难受""太痛苦了""郁闷死了"等，就需要你与对方进行沟通，安慰对方。那么，如何才能有效地安慰他人呢？

给对方倾诉的机会

安慰别人时，首先要让对方将自己心中的烦恼说出来，了解对方出现负面情绪的缘由，然后再对症下药，进行有效安慰。

张妍和刘璐是室友，有一天，张妍下班回到宿舍，便听见刘璐在屋里长吁短叹，一见到张妍回来，她就说："唉，好烦啊！"

张妍连忙走过去问："怎么了，发生什么事了呢？"刘璐又叹了口气，没有回答，张妍再次温柔地询问道："怎么啦，有什么烦心的事情？要不要和我说说呢？"在张妍温柔的询问下，刘璐便向她诉说了自己白天遇到的烦心事，并得到了很好的安慰。

如果别人不倾诉烦恼，即使我们想安慰，也会无从下手，所以我们要给予对方倾诉的机会，引导对方诉说烦恼，进而进行有针对性的安慰。

提供情感上的支持

很多人都会在如何安慰他人的问题上犯难，看到他人难过伤心时就会手足无措，也不知道该说什么才能起到安慰的作用。

实际上，当你不知道该说什么话来缓解对方的情绪时，可以这样说："我也不知道该怎么安慰你，但是看到你难过，我也觉得很难受。我会一直在你身边陪你的。"

有时候，并不一定要说很多富有哲理的话才能起到安慰对方的作用，通过与对方沟通，真诚地向对方表达自己在情感上的支持与共鸣，也会起到很好的安慰作用。

提供行动上的支持

如果仅靠情感上的支持还不能达到很好的安慰效果，这时候就可以给予对方行动上的支撑了。

例如，当女生在生理期身体不舒服，心情也不好时，这时候如果男朋友只是说一句"我知道你很难受，多喝点热水吧。"一定会遭到女生的白眼的。

而如果男朋友说的是"喝点红糖水暖暖肚子应该会舒服些，我现在帮你冲一杯吧"，然后再去帮女生冲一杯红糖水，这种直接提供行动支持的安慰无疑会更有效。

再比如，好友正在因为刚参加的求职面试没有通过而心情不好，如果这时候你只是说"唉，真是糟糕啊，换作是我肯定很受打击"，或者"没事，下次好好表现就好啦！"这样的安慰很难让刚刚经历失败的好友心情好起来。而如果你对好友说："没关系，别灰心，下次我陪你一起进行模拟面试好不好？"向好友提供他需要的行动支持，或许会起到更好的安慰效果。

劝诫与建议

在与人沟通的过程中,有时可能需要劝诫对方,或者给对方提出建议,如果没有掌握正确的沟通方式,贸然进行劝诫或建议,很可能会引起对方的不悦,达不到自己想要的效果。

利用机会,巧言相劝

春秋时,晏子在齐国担任上大夫,辅佐君主执政。齐景公即位后,晏子一直想找机会劝诫他仁政爱民,关心百姓疾苦。

一次,齐景公披着自己昂贵、温暖的狐皮大衣坐在朝堂的一个台阶上赏雪。

这时候,晏子恰好进宫,见此情景,便站在齐景公旁边陪着他一同赏雪。齐景公赏了一会雪,转过身来对晏子说:"真奇怪,都下了好几天的大雪了,外面冰天雪地的,可是天气一点也不冷。"

晏子问:"天气真的不冷吗?"齐景公笑着说:"当然,一点也不冷!"晏子听了不停地摇头:"我听说,古代贤德的君主,都是在自己吃饱的时候，知道有人还饿着；自己穿暖了的时候，知道有人还冻着；自己悠闲的时候，知道有人还在辛苦劳作。但是现在大王您好像不知道啊！"

听了晏子的话，齐景公立刻明白了："先生所言极是，我已经受到教诲了。"之后，齐景公下令给全国正在挨饿受冻的老百姓发放粮食和衣服，此举一行，立刻受到了百姓的拥戴。

晏子在进行劝谏时，正是善于利用机会，巧言进谏，与齐景公进行了有效的沟通，才达到了自己的目的。

妙 语 连 珠

掌握时机的高情商劝诫

南唐时，赋税繁重，人民苦不堪言，一些忠厚的大臣纷纷劝诫皇帝李昪削减赋税，但没有任何作用。

一次，京城大旱，皇帝问群臣："京城以外的地方都下了大雨，但是这雨为何就是不下到京城来呢？"

一名大臣趁机说："回皇上，这是因为，大雨害怕下到京城要抽取重税，所以不敢过来啦！"

皇帝听了，立刻明白了大臣的意思，笑着减免了各地的赋税。

注意方法，合理建议

向别人提建议看似简单，但是如果不注意方式方法，不仅不能让对方听取自己的建议，还会惹恼对方，令自己和对方都下不来台。那么，在日常生活中，应该如何向别人提出建议呢？

首先你要知道，向别人提建议，不是要把自己的想法强加给对方，而是要给对方一个可供参考的想法或者思维方式。

生活中，上司给下属提建议时，经常是秉着"我才是对的"的语气与下属进行沟通；父母给孩子提建议时，也会在言语中透露出"小孩子懂什么，听我的准没错"这样的想法。以这样的沟通方式向对方提建议，其结果无疑会是失败的。

知道了这一点之后，在向别人提建议时，就应该在警示对方的不足的同时，也对对方做得好的地方表示认可。比如，领导想对下属的设计方案提出自己的建议时，不妨说："你的设计方案我看过了，想法很独特，很棒！但是有几个小细节，如果能完善一下就更完美了……"如果能以这样的沟通方式对下属提出意见，或许会取得更好的效果。

赞美与批评

> **众说纷纭**
>
> 当要对他人进行赞美时，怎么说才能让对方不觉得你是刻意奉承，从而开心接受呢？要批评他人的缺点时，又该如何表达，才能既不让对方反感，又能让对方接受批评、改正缺点呢？

恰到好处的赞美

美国作家马可·吐温曾说："听到别人对我的一句赞美，我可以多活两个月！"可见，赞美对一个人的影响是非常大的。在与人沟通时，如果能给对方恰到好处的赞美，那么对于人际关系的提升大有裨益。

《红楼梦》中的王熙凤就很会赞美人，林黛玉刚进贾府时，王熙凤就拉着黛玉的手说"天下竟有这样标致的人物",一边赞美黛玉的气质,一边不忘侧面称赞贾母,"林姑娘如此好的气质,竟不像老祖宗的外孙女,竟是个嫡亲的孙女"。让贾母听了心里更是高兴。

恰到好处的赞美就是要知道对方爱听什么,然后在合适的场合,以对方听起来舒适的语言表达出来,这样的赞美才会收获比较好的效果。

不着痕迹的批评

秦昊是大一新生,因为之前没有住过校,所以很多事情都不会做,平时生活比较邋遢,早上起床后不叠被子,书桌上也是凌乱不堪,垃圾乱堆,严重影响了宿舍的卫生环境。正因为如此,每次学生会的干部来检查宿舍卫生时,都会对秦昊进行严厉的批评,希望他能改正邋遢的坏习惯,将宿舍打扫整理干净。但是,秦昊只是口头上答应,并没有任何实际行动。

一次,辅导员去男生宿舍查寝,正好看到秦昊在书桌前练习书法,便走过去看了看说道:"字写得不错。"秦昊有些得意,他知道,自己的毛笔字写得确实不错。

辅导员接着说:"都说字如其人,但是你的字和你本人不太像啊!你看,你的字个个隽秀工整、潇洒利落,多美观啊!你的生活习惯为什么就不能像你写的字一样呢?"

秦昊听了,立刻明白了辅导员的意思,连忙低下头:"我知道以后应该怎么做了。"从那以后，秦昊果然改正了以前邋遢的坏毛病，也变得爱干净、整洁起来。

  同样是批评，学生会干部的批评并没有让秦昊认识到自己的错误，而辅导员的批评却让秦昊在思想和行为上都发生了转变，这主要是因为辅导员在进行批评时，没有直接指出秦昊的缺点，而是先称赞他的优点，然后再不着痕迹地进行批评，指出他的缺点，使他深刻意识到错误，并加以改正。

表白与求婚

众说纷纭

表白与求婚的场景在短视频和电视节目中经常出现，除了"有情人终成眷属"的欢喜结局外，也有诸多以"反转""尴尬"收场。你觉得一些人表白与求婚失败的原因会是什么呢？如何才能正确表达心意呢？

真诚是前提

任何人在面对一份感情时都应该是真诚的、真挚的，这样的感情才能长久。

在表白与求婚时，表白者、求婚者的表达与沟通应该建立在真诚的基础上，如果脱离了真诚这个前提，那么任何表述情感的话语都将是苍白的。

表白或求婚的话语最忌与别人相似，万不可效仿"拿来主义"直接从网上摘抄一段作为己用，一定要用自己的真心去表达爱意。

这样说，能提高表白与求婚成功的概率

表白与求婚，对于当事人双方来说是很重要的事情和时刻，如果"说不好"，很可能留有遗憾，甚至将事情搞砸。表白与求婚时，在说真话、表真情的基础上，还要掌握一定的表达技巧，具体如下。

◆ 提前探明对方的心意

美好的爱情应该是两个人"双向奔赴"，而不是一个人"一厢情愿"，因此在表白或求婚之前，应多观察和思考，要了解清楚对方的心意，不可冒失。

提前探明对方的心意，不仅仅是要做到"知己知彼"，增加表白或求婚成功的概率，也是尊重对方的表现。

◆ 打好草稿

在表白或求婚时，当事人往往是非常紧张的，容易语无伦次，因此要事先打好草稿，必要时可以提前演练，以让自己在正式表白或求婚时镇定自若，清晰表达。

◆ 不说玩笑话

两个人的感情的确定是一件正式的事情，因此切不可把玩笑当幽默，而说一些口无遮拦、毫无分寸的玩笑话，这样不仅会破坏氛围，还会让对方认为你是一个轻浮、不负责任、不值得托付的人。

◆ 勇敢自信，表明决心与态度

表白或求婚时，应清楚地表达自己的心意，在表达时要有自信，说话要有力量，决心和态度要明确，这样才能给对方以安全感、期待感，赢得对方的真心。

当对异性产生爱意时，如果想与对方发展成恋人，就要大胆地表白，为自己争取幸福。

勇敢表白，但是不可随意，在向对方开口前，一定要仔细斟酌，如果担心对方不接受自己，可以选择含蓄一点的方式来表达自己的爱意。

◆ 把握好"说"的时间

很多人在表白或求婚时，会精心地为对方制造浪漫和惊喜，此时有些人会因为紧张而不知如何说起，最后惜字如金，只有寥寥数语；也有人长篇大论、滔滔不绝，让整个场面从惊喜变得无趣。前者的表现会让人觉得仓促、不正式，后者的表现会消磨当事人的耐心。

在表白或求婚时，表达与沟通的时间不宜过短，也不宜过长，整个表述过程以 5 分钟左右为宜。

电话沟通

电话沟通在日常生活、工作中是一种十分常见的沟通方式。与其他沟通方式，如文字聊天、短信、邮件等相比，电话沟通具有省时、即时、快速的优点。

进行电话沟通时，沟通对象彼此之间"不见其面、只闻其声"，这时口才的表达就显得格外重要。

电话沟通时，为了提高沟通的效率，应特别注意以下几点。

使用礼貌用语

如果来电显示是自己认识的人，根据对方与自己的关系和亲疏程度，应礼貌使用敬语，或亲昵、正式的称呼来称呼对方。

礼貌用语能让对方感受到被尊重，一些称呼也能起到拉近彼此关系的作用。

口齿清晰，有条不紊

电话沟通时，切忌嘴巴里有东西时说话。

如果自己正在进食时电话响起，可以在电话接通与对方打招呼后，请对方稍等，口腔无异物时再与对方道歉并正常沟通即可。

此外，有很多人在进行电话沟通时会"随说随忘"，为避免这种情况，在阐述观点和表达意愿时，应有条不紊、逻辑清晰、语言精练，这样更有利于对方记忆沟通内容。

如果电话沟通后不放心，还可以整理沟通要点，通过发送短信或微信的方式提醒对方。

说对方能听懂的语言

电话沟通时，如果有条件应尽量照顾沟通对象的听觉感受，使用对方能听懂的语言。

同乡沟通，可以使用方言来增进关系，提高沟通效率。

如果双方并非来自同一个省市，应尽量采用普通话进行沟通。

如果对方是外国人，可以使用英语或对方国家的语言进行沟通，必要时可以在沟通之前先打好草稿，提前熟悉讲话内容，然后再打电话进行沟通。

声音适量

打电话时，说话声音的大小要适当，以让对方能听清自己说的话为宜，如果对方信号不好，或听力不好，或周围环境比较嘈杂，应适当提高音量。

此外，特别提醒的是，如果电话沟通时需要大声说话，应注意移身至偏僻的角落打电话，在照顾电话沟通对象的同时，也要注意避免影响到周围的人。

妙语连珠

以声动人

张扬是播音主持专业的应届毕业生，最近在忙着找工作，他每天都会通过招聘平台发出好几份简历，但迟迟得不到回应。

张扬仔细分析原因，当下正值毕业季，自己并非名牌大学毕业，因此自己发出去的简历很容易石沉大海。

这一天，张扬决定拨打心仪岗位的招聘电话争取电话求职，并在打电话前做了很多功课，如提前打好草稿罗列要表达的内容和要问询的内容，并进行预演等。

电话打通后,张扬很有礼貌地问候了对方,并说明了打电话的缘由,而且口齿清晰、表达流利。对方听到张扬富有磁性的声音和富有逻辑的表达后,紧接着详细问了张扬几个问题,张扬有条不紊、诚恳而又自信地一一作答。

这次电话求职很成功,电话沟通之后,对方对张扬表示很满意,并邀约张扬到公司进行面试。如此,张扬为自己赢得了一次宝贵的面试机会。

第四章　高情商沟通，不同场景恰当说

微信沟通

> **众说纷纭**
>
> 在与他人进行微信沟通时，你更习惯发文字，还是更习惯发语音呢？面对沟通对象给你发来的近60秒的超长语音，你会有怎样的心理感受呢？你会如何继续沟通和回复呢？

微信是当下比较流行的通信工具，在日常生活中使用广泛。微信沟通主要包括文字沟通、语音沟通、视频沟通三种方式，基于口才表达与沟通的角度，这里简述第一种，重点阐述后两种。

微信文字沟通

微信文字沟通具有一目了然的优点，而且无须信息接收者参与操作，手机可自动接收文字信息。

在发送微信文字信息前，建议通读一遍，检查有无错字、漏字、歧义字句，以免让对方产生不好的印象或引起不必要的误会。

微信语音沟通

进行微信语音沟通，省时、省力，但也可能是"方便了自己，麻烦了别人"。

发送微信语音信息，应确保自己吐字清晰、条理清晰，内容简洁概括，切记不要连续发送多条超长（40～60秒）语音信息，这会让别人产生不好的沟通体验。

如果是与对方进行语音通话，应提前发送文字消息询问对方是否方便接听，在进行微信语音通话时，要充分考虑自己的表达是否有礼貌，是否清晰、准确、简明；音色是动听还是聒噪；音量是适中还是过低或过高等。微信语音沟通其他注意事项也可参考前文电话沟通相关内容。

微信语音沟通时，沟通双方只能通过声音进行交流，声音是最重要的沟通媒介，因此要特别重视对自己的讲话内容、声音语调、语言节奏等的处理，让沟通更顺畅、愉快。

微信视频沟通

微信视频沟通，双方能实现声音、画面的互联。在进行视频沟通时，不仅仅要关注自己的声音，也要关注自己的表情、神态、动作，以辅助你的语言表达。

学会拒绝

拒绝他人，是一种错吗

助人为乐是中华民族的传统美德，因此在中国人的传统观念中，"拒绝别人"是一件"不太好"的事情。但如果对方强人所难，甚至提出无理要求，我们当然应该拒绝。

首先，必须认识到，"拒绝别人"并不是一件"令人不齿"的事情，你有权力决定是否提供帮助。帮助他人是一种美德，而并非应尽的义务，不必道德绑架。

其次，当他人提出无理要求，甚至是违法要求时，你可以果断拒绝，无须理会。

要敢于拒绝

娜娜是一个不懂得拒绝别人的老好人，经常因为帮助朋友、同事而耽误了自己的事情，为此娜娜十分苦恼，可即便是这样，娜娜依旧不懂得拒绝别人。

周末，娜娜的闺蜜来看望娜娜，娜娜热情地招待了闺蜜。许久未见，闺蜜见到娜娜后就一直问东问西，并不停地要求试用娜娜的化妆品，让娜娜帮忙做报表，让娜娜赶紧修好白天游玩拍的照片好发朋友圈，娜娜刚忙完，又让娜娜带她去吃海鲜，面对闺蜜提出的各种要求，虽然娜娜心中不悦，但是仍一一答应。

晚上，闺蜜临走时给娜娜留下一个箱子，说是给娜娜的礼物，娜娜送走闺蜜后，打开箱子，又惊喜又感动，箱子里有一套崭新的化妆品、一套自己喜欢的新书、一个心仪很久却舍不得买的电子绘图板。随后，娜娜收到闺蜜的信息，大意是感谢娜娜的热情招待，其实今天要求娜娜做得很多事并不是非做不可，她一直在等娜娜拒绝，可是娜娜并没有。

娜娜盯着屏幕上那句"拒绝并不会让你失去任何朋友，不懂拒绝反而会让你失去自我"。许久，娜娜下决心从此以后要学会勇敢说"不"，期待自己有所改变。

乐于助人、宽容待人固然是好的，但是对违背自己内心意愿、超出自己能力范围的请求和要求，要学会说"不"，要勇敢拒绝，这并不会破坏任何真挚的关系，不必有心理负担。

委婉而幽默地拒绝

面对过分请求，该如何拒绝，才能既不伤及对方情面，又能维护自身尊严和利益呢？

委婉而幽默的拒绝能让你既能拒绝别人，又能充分照顾对方的心理感受。

同时，委婉而幽默的拒绝，还能体现出你对他人的尊重，能彰显你待人处事的优雅素质。

妙语连珠

不能说的秘密

有一位掌握边境驻防机密的人员应邀参加一场宴会，席间，一位昔日好友热情地来与他打招呼，二人相谈十分愉快。可在随后的谈话中，好友对边境驻防问题表现出了浓厚的兴趣，并多次向他打听详情，他几次转移话题，可是这位好友仍不依不饶。

好友很难从侧面打探到消息，干脆直接问他："你们有多少人在那里，接下来会有什么令人惊喜的行动计划吗？"

他特意压低了嗓音说，"你能保守秘密吗？"

好友爽快地回答"当然能！"

他笑了笑，说道："我也能。"

如此，好友便不再继续追问，知趣地走开了。

有礼、有理、有力反击

待人有礼、做事有理有据是一个人成熟的表现，如果遇到他人提出的不合理要求，你可以果断拒绝，面对一些触犯原则的问题，必要时你可以做出有力的反击。

在因对方的侵犯进行交涉和沟通时，做到有礼、有理、有力反击，尊重对方，但也不允许对方在言语或肢体上恣意欺辱。

在日常生活、工作、学习中，我们会遇到各种各样的人和事，要敢于表达自己内心的想法，敢于拒绝，合理拒绝，学会尊重自己、保护自己，维护应得权益。

第五章

有效沟通，不同对象得体说

在日常工作和生活中，我们面对着不同的人，会扮演不同的社会角色。在孩子面前，我们是父母；在长辈面前，我们是晚辈；在伴侣面前，我们是妻子/丈夫……

因此，我们与他人进行沟通与交流时，要充分考虑到对方的身份，选择恰当的语言表达，灵活运用不同的沟通方式，只有这样，才能促成双方有效沟通。

非暴力沟通，尊重孩子，不吼不叫

众说纷纭

在日常生活中，我们经常会遇到这样的情景：在给孩子辅导作业时，经常因为孩子做错题而严厉训斥；总是习惯把自己的一些观念强加在孩子身上，由此引发孩子的叛逆和反抗；在孩子面前总是忍不住反复唠叨，让孩子感到厌烦……

那么，究竟是什么原因导致了父母和孩子间沟通不畅？作为父母，该如何与孩子进行有效沟通呢？

因为父母和孩子在教育背景、生活环境、知识储备、阅历等方面存在着较大差异，这些差异为父母和孩子间的有效沟通和互相理解造成了一定的困难，再加上有不少父母认为孩子还小，没有形成成熟的价值观，所以一切都应该听自己的安排，这样才能少走弯路，这样的看法进一步加深了父母与孩子之间的隔阂。

天下的父母，大都真心地希望自己的孩子健康、快乐地成长，但有些父母眼中的"为他好"可能会成为孩子的心理负担。因此，一些父母要尝试改变原有"父母权威"式的沟通方式，学会站在孩子的角度和立场，尊重和理解孩子的想法，寻求和孩子达成融洽的沟通模式。

耐心倾听，换位思考

耐心倾听，是有效沟通的第一步。孩子在提出一些看似不合理的要求或发泄情绪、表达不满时，父母应该视情况放下手边的工作或正在做的其他事情，或者在事后抽时间耐心地坐下来，听孩子诉说自己的不满，站在孩子的角度思考问题，让孩子感到自己是被理解的。

樱凡在父母眼里一直是一个乖巧的孩子。可最近，妈妈发现樱凡食欲下降，有时还会无缘无故发脾气，为了弄清原因，樱凡的妈妈决定找樱凡好好谈一谈。

一次，在樱凡因为一点小事再次发脾气后，妈妈停下手中的家务，故作委屈地说："哎呦，我的乖宝贝变成大灰狼喽！"樱凡听后又气又想笑，情绪平复了很多。随后，妈妈拉着樱凡坐在沙发上，说："宝贝，你最近情绪有点反常哦，来，说说看，最近有什么烦心事？学习上的还是朋友间的？悄悄告诉我，一个人憋着多难受呀，妈妈答应帮你保密。"犹豫了一会儿后，樱凡把自己的苦恼说了出来。原来是因为自己最好的朋友结交了新朋友，与自己不再那么形影不离了，这让樱凡心里很不是滋味，她觉得最好的朋友就不应该和别人一起分享。

在了解了原因后，妈妈讲了自己上学时相似的经历，并说了自己的心路历程以及解决的方法，在听了妈妈的一番话后，樱凡理解了友情的真谛，打开了自己的心结，并主动为自己之前的不妥言行向妈妈道歉。

站在孩子的角度想问题，理解孩子，才能帮助孩子共同解决成长路上遇到的烦恼和困难。

要尊重孩子的爱好

很多孩子都会有自己的爱好，比如打篮球、画画、跳舞等，父母要尊重孩子的爱好，丰富孩子的业余生活。

子豪是一名中学生，他的爱好是跳街舞，为了培养他的爱好，父母帮子豪报了舞蹈班，每个周末子豪都会去练习街舞，结识了很多跳舞的朋友。子豪的梦想是成为一名职业的舞蹈演员，因此他一直都在刻苦训练。

转眼到了高中，子豪的父母希望他能专心学习，放弃街舞的训练，但子豪态度坚定，他想要继续进行街舞的训练，并报考舞蹈专业。父母在知道子豪的态度后，并没有固执己见，而是把从事舞蹈专业这条路可能面临的困难和择业的局限性告诉了子豪，让子豪自己做出选择。子豪对此很感激，也向父母保证，自己会更加努力，不会耽误学业。

尊重孩子健康、良好的爱好有助于促进孩子全面发展，因此父母不要一味地否定孩子的爱好，要善于引导，帮助孩子平衡好学习和爱好的时间和精力分配，让孩子成为一个德智体美劳全面发展的人才。

学会合理表达自己的不满

有很多父母经常会面临这样的烦恼：自己的孩子不听话，比如，孩子回家就知道玩游戏，自己的东西随手乱放，不注意个人卫生等。这时，一些父母会忍不住大发牢骚，严厉训斥，但效果往往适得其反。

每个人都存在一定的抵抗和逆反心理，青少年正处于身心发育的特殊时期——青春期，更容易产生逆反心理。父母与处于青春期的孩子进行沟通时只有克服"暴力沟通"的心理倾向，合理表达自己的不满情绪，才能正确引导孩子形成健康、良好的生活及学习习惯。

李涛是一名初二的学生，他的书包里永远都是乱糟糟的，房间里的衣服、物品随处乱放。他妈妈来到刚打扫完不久又乱成一团的房间，忍不住发起火来："我刚打扫得干干净净的，又变得这么乱了！你都这么大了，连自己的东西都收拾不好，每天乱糟糟的，看着就让人心烦！"边说边收拾边摔打桌上乱放的玩具。李涛正躺在床上看手机，听到妈妈的训斥，干脆用被子把头蒙了起来，继续看手机。

以上案例中，李涛妈妈偏激的言行，很容易引起孩子的逆反和厌烦心理，很难实现良好的沟通效果。在这种情况下，如果李涛的妈妈能够以此为契机，邀请孩子和自己共同做一些清洁和衣物整理工作，让他体会劳动的不易以及干净、整洁的环境所带来的舒适和便利，效果应该会好很多。

妙语连珠

巧用沟通形式，化解矛盾隔阂

有些孩子不知道怎样和父母开口诉说自己的心事，在面对父母的询问和关心时，往往会慌乱不已，不知从何开口。这时，父母不妨尝试换一种沟通形式，利用书信、邮件、微信聊天、玩游戏等形式与孩子进行沟通，让孩子放松心情，慢慢打开心扉。

佳佳是一名高二的学生，最近她和班上一个男生走得很近，这件事被爸爸知道后，爸爸很担心佳佳早恋。一天晚上，趁着佳佳洗漱，爸爸想拿佳佳的手机翻看她的聊天记录，刚好被佳佳发现，父女俩为此大吵一架，为表达自己的不满和愤怒，佳佳摔门而出，在堂姐家住了一晚。

佳佳的爸爸打电话确认佳佳的安全后，望着佳佳的书桌陷入沉思，意识到自己不该私自翻看女儿的隐私，更不该不听女儿辩解就一口认定女儿早恋了。

第五章 有效沟通，不同对象得体说

佳佳的爸爸写了一封长长的信转交给佳佳，字里行间溢满了对佳佳的担心和满满的父爱，并诚恳地向女儿表示了歉意。佳佳在看完来信之后，怒气消了一大半，并回信诉说了自己和男同学只是好朋友，让爸爸不要担心。父女俩的心结通过书信的方式得以解开。

男女有别，表达要正确

美国作家约翰·格雷曾经写过一本畅销书，书名为《男人来自火星，女人来自金星》，书中对男女两性的思维差异进行了生动形象的讲解。男女两性不同的思维方式决定了双方在语言的表达和沟通上存在着明显的差异。

一般来说，男性逻辑性思维较强，注重寻找问题的解决方法；女性则拥有较强的发散性思维，注重过程中的情感体验。因此，男性在表达上更加直接，关注语言表达最终带来的结果，即问题是否解决，而女性在表达上则较为委婉，关注情感体验以及对方是否与自己产生共鸣。

两性在交谈时只有考虑到对方的思维差异，采用灵活变通的表达方式，才能越过两性思维障碍，实现良好的沟通。

初次聊天要寻找合适的话题

男性和女性在爱好上会有很多不同，在聊天时关注的内容也会有所不同。通常，男性大多喜欢聊体育和新闻等话题，女性大多喜欢聊服饰、电视剧等话题，因此男性和女性在初次聊天时，应该选择双方都比较熟悉的话题，比如可以和对方一起分享自己在生活抑或是工作中的一些日常，这样有利于拉近彼此之间的距离，增加亲密感。

赵康是一名大龄男青年，他在同事的介绍下认识了一位年龄相仿的单身女性。赵康约这位女生在一家咖啡厅见面。在见到对方后，赵康觉得对方就是自己喜欢的类型，心里很激动，在做自我介绍时，为了向对方展示自己，他把自己在每场足球比赛上取得的成绩以及自己知道的足球知识详细地进行了介绍。可就在他讲得兴致勃勃的时候，女生却借故离开了。赵康对此百思不得其解，不知道自己哪里做错了。

其实，赵康错在表达不当上，赵康不懂得男女在感兴趣的话题上有着较大的差异，他在不了解对方是否对足球感兴趣的情况下对足球大谈特谈，最终把对方"说"走了。

在与异性交流时，要尽量关注对方的喜好，选择合适的话题切入，这样才不至于让自己陷入尴尬的境地，从而错失与对方拉近距离的机会。

理解男性的"木讷"与"直白"

男性的直线思维决定了其在很多事情上都很注重问题的解决，即结果导向。在与异性相处时，这种情况尤为显著。

李宇是一名销售人员,每个月都有很大的业绩压力。这个月因无法按时完成任务受到了领导的批评,她的心里很委屈,自己明明也尽到了最大的努力。回家后她给异地的男友打电话,诉说了自己的委屈和难过,本来想着男朋友会安慰自己,可是对方听完后开始非常冷静地帮助自己分析业绩未达标的原因,并一一罗列出李宇在面对不同订单和客户时表现出的不足,指出应该如何改进,男友的回应让李宇又气又笑。

李宇在受到领导批评之后,最希望的是男友能站在她的角度,耐心地倾听并安慰她,安抚她的情绪,让她知道不管何时都有个人愿意陪着她一起度过。李宇的男友并没有如她所愿去安慰她,而是耐心地帮她分析原因并提出了改进建议,而在男性看来,尽自己所能帮助对方解决具体的问题才是真正在意对方的表现。所以,在了解双方的思维差异后,如果双方都能为对方着想,多一份理解,那么会在相处过程中更加惬意和舒适。

正向表达需求,万不可"口是心非"

在两性交往中,难免会出现冲突和矛盾。在面对冲突时,很多人会口是心非,说出一些并非自己内心想法的话语。

比如,有些人在感觉到对方不够重视自己时会不由得闹一些小脾气,说出一些诸如"你一点也不爱我!""我再也不想看到你了!""你太让我失望了!"等过激的话。

第五章 有效沟通，不同对象得体说

"口是心非"，这一点在感性的女性身上体现得尤为明显。很多时候，女性说出"分手"时并不是想真的分手，只是想通过这种方式引起对方的关注。但这样咄咄相逼、不给彼此留后路的表达方式，不仅不会让对方更爱自己，很可能会把对方"推得更远"。

陈倩和丈夫结婚两年，感情一直都很好。可自从她丈夫升职为公司经理后，应酬一下子多了起来，晚上很晚才回家，而且倒头就睡，很少有交流的机会。她想让丈夫更多地关心自己，于是在一天晚上，她郑重地跟丈夫说："你忘记了吗？我特别怕黑，有你在我才能安心，我知道你最近很辛苦，不能总陪我，但是你要注意身体，你健康是我最大的安心。"听了陈倩的话，丈夫意识到了最近自己对陈倩的忽视，进行了反思。

在接下来的一段时间里，丈夫推掉了很多不必要的应酬，在忙的间隙也会抽出时间和陈倩简单沟通，两人的感情也越来越好。

由此可见，在沟通中，一定要正向表达需求，给予双方足够的尊重和理解。万不可"口是心非"，如果处理不当，极有可能适得其反。

妙语连珠

男女沟通的误会

男性和女性思维上的差异导致双方在沟通上难免会产生一些误会，具体有以下几种表现。

●在面对问题和麻烦时，女性会渴望得到安抚，而男性则更注重寻求解决办法。

●女性把聊天看成维持关系的载体，而男性则将其看成一种实现目的的工具。比如，女性说："你最近怎么回来都很晚呀？"为了不让对方担忧，男性多半会以一句"加班，别多想。"一言带过，这样反而让女性觉得很不安。因为在女性的认知里，沟通是拉近关系的桥梁，关系越亲密就越应该无话不谈，而男性的沟通主要是为了达成某些特定目的，很少有主观意义的单纯倾诉，男性的"别多想"可能会让女性"多想"。

正确认识男女思维方面的差异，有助于在与异性沟通时采取正确的表达方式，加深对彼此的了解，从而消除隔阂，增进情感。

面对长辈用敬语,不卑不亢

众 说 纷 纭

在和比自己年长的长辈或者职场中的前辈进行交流时,我们要如何做到谦卑谨慎而又不卑不亢?如果不小心冒犯了长辈/前辈,我们又该怎样进行及时补救呢?

长辈抑或前辈往往比我们年长,有比我们更加丰富的经验以及人生阅历,需要我们尊重和敬仰。在和他们进行沟通时,要做到不卑不亢,既不能傲慢自大、目中无人,也不必唯唯诺诺、自卑胆怯。

恰当使用敬语

在和长辈进行沟通时,要习惯使用敬语,用"您"称呼对方,在约对方见面时,多用"打扰您了""请问您什么时候比较方便"等,会让对方感到被尊重，也为进一步深入交流奠定良好的基础。

张严是一家建材公司的供货员，由于业务繁忙，很多事情都需要打电话确认，变得越来越不耐烦。一次，一家建筑公司想要预订一批建材，便给张严打来了电话，张严接起电话，不耐烦地说："喂！你是谁？我在忙呢，有话快讲！"电话那头传来了一位长者的声音："小伙子，我是一家建材公司的经理，想问问你那边建材的供货情况。"张严三言两语把情况说了一下，对方正要再问几个问题时，张严便打断了对方并不耐烦地说道："都说了在忙，你还在那里一直问，一会儿再打来吧！"对方说了句"再见"就挂断了电话。张严所在的公司因为这通电话丢掉了一个潜在的客户。

在面对长辈/前辈时，使用敬语是对他们最起码的尊重，因为自己的情绪对长辈恶言相向是极其没有教养的表现，还可能会因小失大，错失良机。

善于把握说话的分寸

在长辈面前说话要有分寸，有些话可以说，有些话则不能说。在长辈面前肆无忌惮地开一些不合时宜的玩笑会让长辈有失尊严和面子，也会让自己陷入尴尬的境地。

刘轩是一名外企员工，在一次年终聚餐上，大家玩起了"真心话大冒险"，大家都有意回避一些较为敏感的话题，轮到刘轩时，他对着坐在中间比自己年长的销售经理，带着半开玩笑的语气说：

"李经理，我有一个问题想问您。听说您之前和××主管有过争执，是因为什么事呢？"此言一出，李经理的脸色顿时变得难看起来，现场瞬间陷入了一片沉寂，刘轩身边的同事见状，连忙转移了话题。

显然，即便是面对同龄人、同事，刘轩的玩笑也会显得太过不合时宜，更何况李经理既是刘轩的长辈，又是上司，不管从哪个角度讲，刘轩都不应该不注意自己说话的分寸。

敢于表达自己的见解

很多人都会觉得长辈有着更高的权威和更加丰富的经验，因此在自己与长辈的观点发生冲突时，大都会碍于维护长辈的尊严，选择保留自己的意见，不敢在长辈面前提出自己不同的见解。

王晓莉是一名刚参加工作的新手老师，为了让她能尽快成长为一名合格的教师，学校为她指派了一位经验丰富的老教师对她进行指导。她钦佩于师父娴熟独到的授课方式，但偶尔也会出现和师父不一样的见解，再三考虑之后，她请师父吃了一顿午饭，表达了自己的感激之情，并在饭后委婉地向师父提出了自己的观点，并给出了较为充分的理论依据，两人就教学上的相关问题进行了讨论，最终讨论出了更加完善的教学方法。

在与长辈产生观念的分歧时，我们不应一味附和，应该有自己独立的见解和看法，以充分的理论或实践依据为支撑，敢于运用正确、委婉的方式向长辈提出自己的观点,只有这样,才能真正促进自我发展,也会让长辈欣赏你的勇气和独到的见解。

妙语连珠

言行得体赢来的合作机会

在和别人交谈时,我们应礼貌相待,用一颗真诚的心去和对方打交道,对于长辈尤其应该如此,只有这样才能赢得别人的尊重和欣赏,也许还会获得意想不到的收获和回报。

晓菲经营着一家只有10个人的小型玉石公司,由于公司刚成立不久,急需寻找能够提供稳定、高质量货源的供货商,在经过多方面打听之后,晓菲与一家符合自己期望的供应商取得了联系,并和对方定好了约谈时间。

晓菲十分珍惜这次来之不易的机会,提前半小时便赶到了约定地点,对方是一位年逾花甲的长者,在点菜时她特意点了比较清淡、养生的地方特色菜品,与对方交谈时态度也十分诚恳。但长者此番前来显然是碍于晓菲三番五次诚恳的邀请,打算来走个过场,一番交谈后,长者出于实际考虑依然婉拒了她。

第五章 有效沟通，不同对象得体说

再三确认了对方的意愿之后，晓菲坦然接受，并向长者道谢。在他们出门时，突然下起了大雨，两人都没有带伞，长者让晓菲先回去，自己等司机来接，晓菲说："范老先生，您不是说稍后还有别的事情要处理吗？等司机师傅怕耽误您的事情。我的车就停在附近，劳烦您稍等片刻，我去把车开过来，先把您送回去吧。"说完便消失在大雨中……晓菲的言行打动了长者，长者答应为她预留少量货品，晓菲因此赢得了宝贵的合作机会。

夫妻之间的沟通技巧

众说纷纭

在日常生活中，我们经常能看到吵架斗嘴的夫妻，也能看到相敬如宾、恩爱有加的夫妻。那么，究竟是什么原因让不同夫妻产生如此巨大的相处差异呢？怎样才能让夫妻关系变得更加和睦呢？

常言道，家家有本难念的经，家庭是构成社会的基本单元，而夫妻则是家庭的核心。因此，要想家庭幸福，和谐的夫妻关系尤为重要，而夫妻间有效的沟通是正确处理夫妻关系的重要前提。夫妻间沟通顺畅，能够帮助夫妻增进彼此的感情，更好地解决问题；夫妻间沟通不畅，则会加剧矛盾和冲突，从而影响夫妻感情，不利于家庭的和谐与幸福。

表达要清晰完整

很多夫妻由于长时间在一起相处，早已把对方当作亲人一般对待，没有了谈恋爱时的新鲜感和神秘感，也不想花费多余的时间和精力去维持夫妻间的感情，变得"懒惰无比"，和对方的沟通和交流也变得不再那么走心，而是"能省则省"，能用一个字绝不用两个字，以为对方有足够的默契能够听懂自己的"只言片语""言外之意"，结果产生了很多矛盾和误会，使夫妻间的有效沟通产生了阻碍。

刘华与张强是一对结婚 12 年的夫妻，当初的热情早已埋没在每日的柴米油盐中，俩人每天的沟通和交流也逐渐减少。一天晚上，刘华下班回家后忽然觉得身体有点不舒服，便打电话给张强："你今天早点回家吧。""好，我尽量"，张强想着妻子只是想让自己早点回去陪她，也没有多问便挂了电话。

张强正准备回家的时候，同事拜托他帮忙处理了一些事情，等处理完事情回家，已经晚上 10 点多了。张强回到家中，发现刘华已经晕倒在地，连忙把她送去医院。好在有惊无险，刘华因为劳累过度再加上低血糖，身子虚弱，才出现了眩晕的症状。等刘华醒来，张强着急地说："你终于醒来了！为什么不早点告诉我你身体不舒服呢？"刘华回道："我要是没事，怎么会让你早点回家？肯定是有事啊。"

如果刘华当时能清楚地和丈夫说明自己的情况，抑或张强再多询问几句，就不至于发生上面所说的情况了。因此，夫妻之间在沟通的过程中一定要力求清晰、完整地表达自己的想法，不要给对方留下误解的机会，也不要让对方去猜测，只有这样，才能排除不必要的沟通障碍，达成有效沟通。

寻找恰当的时机

人在情绪焦躁、低落或者极度愤怒的时候，大脑会自动屏蔽外界的信息，在这个时候进行沟通效率很低，而且容易引起对方的抵触和攻击心理。因此，夫妻应选择恰当的时机进行沟通，只有这样才能保证沟通质量，提高沟通效率。

刘坤是一名外贸公司的产品经理，最近公司有个项目需要赶进度完成，刘坤每天都早出晚归。一天晚上，他下班后拖着疲惫的身体回到家中，他一进门便听到妻子在抱怨："我早上明明提醒你把家里的垃圾倒掉，晚上回来还在那里摆着。"刘坤见状，便向妻子道歉，说以后注意，但妻子继续说道："每天基本都是我在扔垃圾，偶尔忘一次，你就不知道把它扔掉吗？我觉得我们应该好好谈谈。"刘坤听完不再回答，便气冲冲地回了卧室。

刘坤本来就已经分身乏术了，工作上的事情已经占据了他的大部分精力和时间，一些日常琐碎的事情便被遗忘在了角落。虽然刘坤把倒垃圾这一任务全部交由妻子的行为不应提倡，但妻子在他身心俱疲的时候选择和他进行沟通，自然收不到理想的效果。

夫妻间也要说"谢谢"

提到"谢谢",很多夫妻会不以为然,认为这是不熟的人之间的客套话,夫妻之间相处完全没有必要这么见外。大家为什么会这么觉得呢?因为夫妻相处久了便成了亲人,无论对方为自己做了什么,很多人在潜意识里都觉得是理所应当的,是夫妻间应尽的责任和义务。但事实并不是我们所想的那样,来自伴侣的一句由衷的感谢会增进夫妻感情,让彼此更加珍惜,从而使夫妻关系更加和谐。

万磊和刘茜是一对结婚9年的夫妻,他们相互扶持、相敬如宾,每次万磊主动下厨做饭,不管味道如何,刘茜都会真诚地说上一句:"谢谢我家可爱的老公!老公辛苦啦!"每次刘茜帮他洗完衣服,万磊都会说上一句:"谢谢老婆!老婆真好!"有时工作繁忙,万磊不得不熬夜加班,刘茜就会主动承担家务,并默默地为他端上一杯热牛奶,每当这时,万磊便会含情脉脉地对刘茜说:"老婆,谢谢你!有你陪着真幸福!"为了向妻子表示自己的感谢,在加班结束后,万磊都会抽时间陪刘茜一起去看电影,或者挑一件礼品送给她。

夫妻之间,一句真诚的感谢既是对对方付出的肯定,又能让对方觉得自己所做的一切是被珍惜的、是值得的,对方会更有动力做得更好。如此一来,便形成了一个良性循环,夫妻间的感情也会越来越好,家庭自然幸福美满。

> ## 妙语连珠
>
> ### 夫妻沟通需要一点幽默
>
> 　　夫妻之间在日常生活中难免会出现一些磕磕绊绊，如果夫妻双方能善于运用自己的智慧，用幽默的方式进行沟通，那么很多冲突和争吵就会被扼杀在摇篮中，平淡的生活也会增添几分乐趣。
>
> 　　艾艾和李冬是一对新婚夫妻，很多日常生活习惯需要慢慢磨合，在磨合过程中难免会遇到一些冲突。有一次，艾艾看到李冬的衣服乱放，不由得一边收拾一边唠叨，看到李冬裤腰肥大的裤子，又开始数落李冬不知道管理身材，胖得不像样，李冬听到这话，走上前来，抱住艾艾，说："没办法，心里住了一个你，我是一个身体两个人住，所以胖了，应该怪你才是。"艾艾听了真是又好气又好笑，停止了唠叨，两人一起整理衣服，感受这幸福的日常。
>
> 　　适时的幽默会缓解夫妻间的紧张气氛，并为进一步的沟通打好基础。这是增进夫妻感情的一个实用小技巧。

第六章

倾情朗诵，声情并茂引发共鸣

朗诵是一门有声语言艺术，涉及体裁很广泛，包括诗歌、散文、小说等。

朗诵集文学性、艺术性和表演性于一体，能够通过细腻的、声情并茂的、情感丰富的再创造过程将文字作品升华，引发观众的共鸣，充分显示出语言的魅力和风采。

诵读的乐趣

众说纷纭

近年来播出的语言精品节目《朗读者》深受人们喜爱,朗诵的魅力正在被越来越多的人所感知和肯定。你知道什么是朗诵吗?朗诵的基本要求是什么?朗诵又会带给我们哪些乐趣呢?

朗诵是在充分理解作品的前提下,用正确、清晰、明亮的读音,以真挚的情感,配合眼神、表情、手势,把文字作品转化为有声语言的艺术再创作活动。

字音清晰准确,声音美而适中,气息稳而流畅,基调准、情感真,眼神、动作、手势相得益彰是对朗诵者的基本要求。

朗诵是一碟碟美味的佳肴,让人们大快朵颐,品尝无穷的滋味;朗诵是一座颇具特色的园林,让人们领略其中的亭台楼阁、奇花异草;朗诵似一名导游,引领人们登山观海,领略无限风光。

朗诵可以让朗诵者提升艺术修养，提高表达能力，也能给聆听者以美的享受。

朗诵使人变得更加自信乐观

发自肺腑的大声朗诵可以帮助人们训练胆识，文学作品中所透露出来的精神品质也会让人受到潜移默化的熏陶，从而使胆小、内向的人在不知不觉中改变自己的心境，敢于开口说话，乐于与人分享，变得更加自信和乐观。

小裴是一名高中生，他性格腼腆，不爱说话，上课时面对老师的提问，即使知道答案也不敢举手，与人交谈时说话声音很小。一次，学校开展诗歌朗诵比赛，小裴在老师和家长的鼓励下报名参加了比赛。在接下来的日子里，小裴每天都利用课余时间刻苦练习，并向语文老师虚心请教，还在家人和同学面前朗诵，让大家一起提建议，在分享与交流的过程中，小裴感受到了大家亲切、友善的态度以及对自己的肯定。比赛的那天，虽然很紧张，但想到平日的刻苦练习，加上大家的加油打气，他变得不再那么紧张，而是自信地站在讲台上，完成了一场精彩的朗诵。

自从参加了朗诵比赛，小裴不再胆小、内向，而是变成了一个乐观自信、善于和他人分享的阳光大男孩。

朗诵可以提升文学修养，陶冶情操

人们在朗诵文学作品时，可以深刻体会不同作者的生活环境、心理特征、思想感情等，仿佛置身于文学的百花丛中，饱览岁月变迁、世事沧桑，从而陶冶了情操，丰富了精神世界，提升了文学修养。

晓慧是一名公司的文职人员，每天从事着很多重复的工作，琐碎而繁杂，下班后的唯一乐趣便是聊聊天、刷刷剧、看看电影，她觉得自己的生活过得单调而乏味。一天，她偶然发现一个文学作品朗诵群，出于好奇便加入了。她随手翻看了一下群里的消息和通知，大家正在交流朗诵的心得体会，她点开一个作品听了一下，就被朗诵者那铿锵有力、充满感情的声音所吸引，仿佛自己被带入了作品中尽情地畅游，便有了学习朗诵的想法。

晓慧积极参与群里的朗诵打卡，每天都会抽出一些时间练习发音，读上一小段作品，一段时间后，晓慧爱上了朗诵，周围的朋友也夸晓慧的气色和气质更好了。

朗诵给晓慧平淡的生活增添了很多乐趣，让她在诗歌朗诵中丰富了精神世界，领悟了文学作品的真谛，陶冶了情操，提升了文学修养与人文情怀。

理解朗诵的内容

不同的朗诵体裁对朗诵者有不同的要求，朗诵诗歌重在节奏和韵律的把握，而散文和小说的朗诵则为朗诵者提供了更多可以灵活发挥的空间，我们在朗诵时也要有所侧重。

总的来说，我们可以从朗诵的体裁、作者的生活环境及情感特征、自己对于朗诵内容的解读等方面入手，尽可能全方位、充分地去理解朗诵内容，为之后的朗诵做好铺垫。

根据朗诵的体裁把握侧重点

朗诵的体裁不同，朗诵时所注意的侧重点也会有所差别。诗歌语言凝练、节奏鲜明、音韵和谐，富有形式美和音乐美，具有较强的形象性；小说和散文具有"形散神聚"的特点，题材、写法多样，不拘一格，具有较强的抒情性。

诗歌与散文及小说的主要区别还在于文体的音韵特点上。语言学家王力曾说过"有韵为诗，无韵为文"。了解诗歌与散文二者的特点和区别，可以帮助我们在朗诵时有所侧重，把握不同文体的内在精髓，将其本身所具有的特点充分展现出来。

了解创作背景及情感特征

在正式朗读之前，了解一下作者创作时所处的社会环境是很有必要的。我们可以通过上网搜集资料、查阅文献、阅读书籍等方式尽可能全面地了解生平和作品的创作背景，只有这样，我们才有可能在朗诵其作品时产生情感共鸣，体会作者的思想与情感。

《背影》是现代著名作家朱自清的散文代表作，叙述了作者离开家乡求学，父亲到车站送别并给作者买橘子的故事。其中，他对父亲在买橘子时在月台爬上攀下的背影的细致描写给人们留下了深刻的印象。作者用朴素、细腻的语言刻画了最真挚的父子情。

《背影》所流露的父爱令很多读者感动不已，但鲜有人知道《背影》背后的辛酸故事。朱自清先生生于官宦人家，之后家道中落，祖母不堪家庭变故，郁郁而终。朱自清和祖母感情一向深厚，自然对父亲产生了怨恨之情，父子关系并不是很好，了解到这些后，再看《背影》中作者看到父亲因为身体肥胖而吃力地攀上爬下、为自己买橘子的背影时内心产生的触动，便不难理解。

在朗诵《背影》时，如果没有提前了解作者的创作背景，便很难体会作者当时矛盾的心理，对于作者情感的把握便不够充分。

加入自己对朗诵内容的解读

著名诗人席慕蓉的诗歌《一棵开花的树》被有些读者看作具有象征意义的爱情诗，而有些读者则认为这是作者写给大自然的诗。对此，席慕蓉回应读者：诗人的解读只是其中的一种，读者的解释也有权威性。

我们在朗诵时完全可以读出自己的理解与思考，只要与听众产生共情与共鸣，便是最好的表达。

气息与节奏的重要性

众说纷纭

在观看朗诵比赛时，我们经常会有这样的体会：有的人在朗诵时节奏过快，给人以急促感和窒息感；有的人抑扬顿挫，掷地有声，给人以音乐般悦耳的享受。其实，二者的差异主要是由朗诵者对气息和节奏的把控不同造成的。那么，我们在朗诵时应该如何控制气息和节奏呢？

众所周知，发声是需要气息的，气息足则声音绵长，气息短则需要不断换气，因此只有控制好气息，才能在朗诵需要的地方保持气息连贯。此外，节奏的把握也很重要，良好的节奏犹如山涧叮咚的山泉，给听众带来美的享受。

学会控制气息

气息的控制是体现朗诵专业性的一个重要因素。因此，我们要学会控制自己的气息，让朗诵变得更加游刃有余。以下是几个常用的气息控制技巧。

软口盖练习法：模仿和体会打哈欠的动作和感受，只是不要张嘴，用鼻子吸气、呼气。

压腹数数法：平躺，腹部压重物（重量适当，不要太重），深呼吸，屏息，开始数数，数的数越多越好。

跑步背诗：一边跑步一边背古诗，可以提高自己的肺活量和对气息的控制。

正确把控节奏

要想在朗诵时抑扬顿挫、掷地有声，节奏的把控尤为重要。节奏太快不利于情感的抒发，也会给听众以紧张局促之感，节奏太慢容易给听众留下拖沓的印象，因此在朗诵一部作品或片段时一定要重视对节奏的把控。

朗诵的节奏大致可分为轻快型、凝重型、低沉型、高亢型等几大类，有的内容则会要求节奏类型的自由切换，如时快时慢、欲扬先抑、欲抑先扬等。例如，轻快型的内容轻松、欢快、活泼，朗读时语速较快，多扬少抑，多轻少重。

良好的气息和节奏的控制是朗诵的重要技巧，在朗诵中起着十分重要的作用。

妙语连珠

把控节奏，助力表达

小张最近要代表公司参加一次诗歌朗诵比赛，朗诵题目是《遇见更好的自己》，在比赛前，小张虚心向指导老师请教，老师就诗歌节奏方面提出了如下建议：

在读诗的开头"茫茫人海中，我是一朵小小的浪花／被人群淹没／但我不愿随波逐流"时，应欲扬先抑，"但"字与后面的内容需隔开，由低沉变为高亢，语音加重，起到强调作用。

在读到雨果的名句"比大地宽阔的是海洋／比海洋宽阔的是天空／比天空宽阔的是心灵"时，语气应由轻变重，层层递进，"是心灵"应与前面的内容隔开，起到突出的作用。

在读到高潮部分"遇见更好的自己／去拼搏／去闯荡／去积极进取／向阳而生"时，语音加重，节奏高亢，突出主题。

在老师的指导下刻苦练习，小张的朗诵技巧得到了很大的提升，他的朗诵铿锵有力、情感饱满，在比赛中获得了不错的成绩。

认识韵律和韵脚

"同声相应谓之韵",比如"大、妈、家"同属"a"韵,"来、买、带"等字同属"ai"韵。

韵律是指平仄和押韵规范,押韵必然押在一句诗歌的最后一个字上,因此有韵的那个字又称为"韵脚",反之,不押韵的那一句诗歌中的最后一个字称为"白脚"。

学习朗诵,必然要认识韵律和韵脚,因为它们是我们倾情朗诵的基础。

掌握基本的韵律规范

韵律有很多专业的术语,学习这些常见的术语有助于我们掌握基本的韵律规则和使用规范,从而对诗歌中出现的音形有更为深入和准确的理解,从而在诗歌朗诵中更加游刃有余。

韵部:指将韵母相同的字的归类。

叶韵:即"谐韵",有些韵字如果按照本来的发音方式去读,便会与同诗的其他韵脚不和，为协调声韵，故将读音进行了一定的修改。如杜牧的《山行》一诗："远上寒山石径斜，白云生处有人家。停车坐爱枫林晚，霜叶红于二月花。"其中句末的"家、花"和"斜"韵母差异较大，因此有很多人认为可将"斜"读作"xia"。

邻韵：指发音相近的两类韵部，如"能"和"银"分别以"eng"和"ing"为韵母，这两者虽然不是同一韵部，但发音相近，便成为"邻韵"。

合韵：指属于同一韵部的韵脚。

转韵：指从同一韵部的平声韵转到仄声韵，反之亦然（这里要和换韵区分开）。

认识韵脚

"韵脚"是指韵文句末押韵的字，也称为"韵脚字"。

"韵脚"对诗词文学情感表达的作用主要体现在韵脚字的发音特征上。一般而言，韵脚字的开口度越大，表达出来的情感就越激烈和高亢，反之，诗词所表达的情感就相对低沉和内敛一些。

以宋代著名诗人李清照的诗词《声声慢·寻寻觅觅》为例，"寻寻觅觅，冷冷清清，凄凄惨惨戚戚。乍暖还寒时候，最难将息。三杯两盏淡酒，怎敌他、晚来风急！雁过也，正伤心，却是旧时相识……"

在这首词中，韵脚字"戚、息、急"等同属一个韵部"i"，构成了一串韵脚字，富有强烈的韵律和节奏感。而且"i"开口度较小，充分表达了作者内心悲伤、凄凉之感。

押韵是诗歌的重要特征，具有表意功能，给人以美的享受。

全面认识韵脚的作用，有助于你在诗歌朗诵中更加充分地发挥诗歌朗朗上口的语言表达特点。

投入你的情感

> **众说纷纭**
>
> 优秀的文学作品一般都包含着作者丰富的感情,具有浓厚的感情基调,如果在朗诵作品时不投入自己的感情,便失去了朗诵的灵魂,会给听众带来味同嚼蜡般的感受。那么,我们应该如何才能做到在朗诵中融入自己的感情呢?

虽然在朗诵中需要掌握一定的技巧和方法,但只有技巧是远远不够的,感情才是朗诵的灵魂,只有投入自己的情感,才会使朗诵变得丰富和饱满起来,使朗诵变成活生生的、有血有肉的语言艺术,从而更容易引起观众的共鸣。

为此,我们不妨去体会内容中所流露出来的丰富情感,把自己想象成作者,把自己代入作品之中,品尝其中的千滋百味。

第六章　倾情朗诵，声情并茂引发共鸣

体会作品中的丰富情感

文学作品以一种优雅的文学形式传达了作者的所思所想，作品中的每一个字都是有生命的，它们在纸上跳跃、翻滚，渴望尽可能准确地去表达作者当时的心境和丰富的情感。

我们在朗诵时，应该反复去品读、去琢磨这些文字所要表达的细腻丰富、富有变化的情感，从而在朗诵中把体会到的情感用"读"的形式传达出来。

将自己代入作品中

在对作品所流露的丰富情感进行了较为深入和全面的解读之后，接下来要做的便是通过联想，在脑海中重现、再造相应的画面，并把自己代入作品中，把自己想象成作者，这样一来，可以让自己更加真实地融入作品中，和作者进行对话，也更容易在朗诵时激发自己的真情实感。

想象分为再造性想象和创造性想象，前者是指文学作品中画面的重现，后者指融入自己的主观想象后对作品中画面的再创造。

比如，北朝民歌《敕勒歌》中的"天苍苍，野茫茫，风吹草低见牛羊"描绘了一幅美丽的大草原景象，在朗诵该句时，可以想象这样的画面：蓝天白云下，眼前是一望无际的大草原，草原上的风是清凉的、带着草的香气，青草被风吹弯了腰，在草海深处的牛羊显露出

来。同样是这个句子，我们也可以在原有画面的基础上增加自己的想象，独立创造出前所未有的新形象、新画面，比如，提到大草原，我们还会想到蒙古包、淳朴的牧民以及悠扬的牧笛声等。

又如李白的《黄鹤楼送孟浩然之广陵》中的诗句"孤帆远影碧空尽，唯见长江天际流"，这两句为写景，我们可以想象这样的画面：载着故人的帆船渐行渐远，最后消失在地平线上，诗人站在黄鹤楼边的江堤上远眺，故人的身影已消失不见，但仍久久不愿离开。其实在日常生活中，我们也经常会面临与好友的离别，只是古代没有便捷的联络工具，因此通常是一别便不知何时再能相见了。通过对画面的重现和再创，我们可以更加深刻地体会到作者对老友依依难舍的深厚情谊。我们通过想象和代入，可以在朗诵中更加充分地体会作者的情感，然后再通过"诵读"的方式将这一情感充分传达给听众。

妙语连珠

《哈姆雷特》朗诵片段中情感的运用

《哈姆雷特》是英国著名剧作家莎士比亚创作的一部经典的悲剧作品，在一次朗诵大会中，刘宇朗诵了《哈姆雷特》中的一段经典独白。

第六章 倾情朗诵，声情并茂引发共鸣

为了更好地呈现效果，刘宇阅读了完整的《哈姆雷特》，并对人物情感进行了分析，还经常把自己代入故事中，想象如果自己是哈姆雷特，自己会有怎样的反应、会怎么做。

朗诵一开始，刘宇神色凝重，在读"生存还是毁灭，这是一个值得考虑的问题"时，他的眼神充满了迷茫和无措，仿佛自己正在经历哈姆雷特所经历的一切。

朗读内容中有一句："嗯，阻碍就在这儿。"正是这句话点出了问题的症结，在说这句话时，刘宇将"就在这儿"加重读出，眼神变得锐利无比，仿佛要用眼神鞭挞这不公的一切。犀利的眼神、加重的语气正好与适时响起的背景音乐融为一体，三者交相辉映，将感情推至高潮，为观众呈现了极致的视听体验。

诗歌朗诵训练方法

营造特定的意境

诗歌语言凝练,常借物咏志、借景抒情,具有一定的韵律,读起来朗朗上口,符合人们的审美期待。

为了在诗歌朗诵中充分地朗诵出诗歌的情感特色,可以尝试采用一些方法营造特定的意境,如在朗诵田园诗时,播放鸟语花香、泉水叮咚的背景音乐。

合理运用"三情说"训练法

"三情说"诗歌朗诵训练方法是第三届金话筒金奖获得者殷亚敏教授在其著作《练好口才的第一本书》中提出来的。

"三情说"诗歌朗诵训练方法有助于我们更加深入理解诗歌、朗诵诗歌和表现诗歌。

具体来讲,"三情说"是指"无情读""放情练"和"驭情琢"。

第六章 倾情朗诵，声情并茂引发共鸣

结合笔者自身经验和理解，阐释如下。

无情读：在拿到一篇诗词时，先不要带任何的感情色彩，字正腔圆地把它读上几遍，注意字的发音和气息的把控，力求做到气通、字通、句通、全文通。

放情练：在熟读和理解的基础上，为每句诗词配上合适的手势，一边做手势一边读。

驭情琢：对全篇的节奏变化、情感基调进行细致的琢磨，以便更好地去理解内化、朗诵输出作品。

"三情说"在诗歌朗诵中是一个非常实用和有效的训练方法和技巧，赶紧用起来吧。

经典古诗朗诵提示

众说纷纭

在人类文学历史长河中，涌现了众多值得人们千古传诵的经典诗词，它们穿越时空，来到你我身边，通过它们，我们能领略到中国的璀璨文明、世事变迁，我们仿佛看到了文人雅士的饮酒作歌、悲喜哀愁。那么，在朗诵这些经典诗词时，我们需要注意哪些方面呢？

在文学的历史长河中，经典古诗词犹如璀璨的明珠，代代传诵，生生不息。

在朗诵经典古诗词时，需要了解古诗词的创作背景，把握古诗词的节奏与韵律，理解古诗词所表达的丰富情感。

接下来就以两个古诗词名篇为例，简单介绍一下经典古诗词在朗诵过程中需要注意的内容。

《将进酒》朗读提示

唐代著名诗人李白的《将进酒》,诗篇开头是整齐的长句,气势豪迈,"君不见黄河之水天上来,奔流到海不复回"。紧接着,"君不见高堂明镜悲白发,朝如青丝暮成雪",作者运用夸张的手法表达了对时光易逝的感慨,和前两句形成反比,以黄河的宏大衬托出生命的渺小,也暗示了作者怀才不遇的感伤。

"人生得意须尽欢,莫使金樽空对月""天生我材必有用,千金散尽还复来"情感基调由"悲"转"喜",表达了作者的乐观与豁达、自信与狂放。"古来圣贤皆寂寞,惟有饮者留其名"则表达了作者"高处不胜寒"的寂寞。

最后一句"与尔同销万古愁",与开篇的"悲"呼应,表达了作者奔涌跌宕、起伏变化的感情。

《春望》朗诵提示

《春望》是唐朝著名诗人杜甫的经典诗作。

公元756年,叛军攻陷潼关,杜甫只身一人投奔唐肃宗,他见过昔日繁华的长安城,如今再见破败萧条的长安城,内心百感交集,于是便写下了这篇千古名作。

本诗前四句描写了春日里长安城凄惨破败的景象,抒发了诗人的辛酸感慨,后四句表达诗人思念亲人、心系国事的情怀。全诗格律工整，对仗精巧，声情悲壮。因此，在朗诵时应把握整体"悲壮"的情感基调。

"国破山河在，城春草木深"描写了诗人对"山河依旧，国却沦陷"的无限感慨，其中的"破"和"深"为全诗营造了荒凉凄惨的氛围。此外，"国破"与"城春"形成了鲜明的对比，国家衰亡使得原本寓意枝繁茂密、温暖明丽的春日丧失了光彩，留下的只是断垣残壁、草木杂生。因此，在读这两句时，应运用低沉、缓慢的节奏，且重点突出"国""破"和"春""深"四个字。

"感时花溅泪，恨别鸟惊心"，花鸟本无情，但由于诗人悲痛的心情，使它们也具有了怨恨之情，表达了诗人因时伤怀、苦闷沉痛的忧愁，可以想象自己在悲伤之时即使看到美丽的事物也依然无法开心，反而会更加悲伤的心境。因此，这两句的节奏应在之前的基础上稍有加快，情感进一步递进，重音可放在"感""花""恨""鸟"上。

"烽火连三月，家书抵万金"表达了诗人渴望战争早日结束，期望收到妻儿音讯的迫切心情。因此，前半句应该加快节奏，表达作者反对战争，希望战争早日结束的心情，后半句应放缓节奏，强调作者对家人的深深思念之情。

"白头搔更短，浑欲不胜簪"表达了诗人内心焦虑至极，以至愁白了头，头发稀少，以至连发簪都插不住了。诗人用一句诗便将一个感人至深、完整丰满的艺术形象立在人们眼前。在朗诵时可将重音放在"搔更短"和"不胜簪"上，体现诗人焦虑、愁苦的心情。

第七章

播音主持，塑造你的高光时刻

　　播音与主持均需具备专业的知识、技能和素养，需要播音者和主持者具有良好的精神面貌，用声音向观众传递信息、情感，给观众以良好的视听感受。

　　此外，播音与主持对个体的人格素质和文化素质也有较高的要求，要具备专业表达能力，注重与观众进行互动，能应急救场，只有这样才能塑造自己的人格魅力，获得观众的喜爱。

熟悉你的台本和内容

众说纷纭

不少人会有这样的困惑：为什么自己在台下明明看了很多遍台本，在上台时却会突然忘词？为什么自己明明准备得很充分，但一上台就紧张得不知从何开口？其实，很多时候，我们以为的"准备充分"并没有那么"充分"。那么，如何才能算作"充分准备"呢？

俗话说："巧妇难为无米之炊"，纵使有再好的口才，如果在上台前没有做充分的准备，没有熟悉自己的台本和内容，也无法顺利地完成一场播音主持任务。

因此，接到播音主持任务时，首先要做的就是对台本内容进行仔细研读，达到熟能生巧的程度。

仔细研读，灵活变换

在接到播音主持任务时，如果对方提供台本，便需要对台本内容进行仔细研读，理清台本内容的结构、脉络以及段落间的逻辑关系。遇到较为生僻的词语表达时，在不影响台本内容所表达的意义和情感的前提下，可以考虑用相近的表达进行"偷梁换柱"，这样有利于我们对台本内容的内化，可以在一定程度上降低内容的难度。

此外，我们也应把听众纳入考虑范围内，在台本提供方同意的前提下，根据听众年龄阶段、爱好等对台本内容做适当加工和删减。

接下来便是反复练习，熟读台本内容，力求每个字发音准确无误，嗓音清晰，字正腔圆，适时换气、断句，让整段播音主持听起来流畅自然。

坚持准备到最后一秒

有些人可能觉得，临近上场时，再看也看不进去了，便开始把台本放在一边，除了紧张，还是紧张。与其浪费掉这宝贵的几分钟，不如再在心里把内容过上几遍。

张华是一名播音主持专业的大二学生，一次，学院举办了播音主持比赛，张华积极报名参加比赛，进行了刻苦练习，并邀请老师给予点评和指导。在比赛的前一天晚上，她对着镜子练习了不下50遍，直到滚瓜烂熟，脱口而出。但是，在第二天上午的比赛中，她由于紧张，在说主持词时突然忘词了，最后成绩不是很理想。原来张华在第二天的比赛前只在心里预演了部分内容，并没有对内容进行完整的顺稿练习，再加上紧张情绪，很容易出现"短暂性失忆"的情况，反而忘记之前很熟悉的内容。

俗话说："临阵磨枪，不快也光。"在真正上台展示的那一刻到来之前，再怎么准备也不过分。多读一遍，便能多熟悉一点，在台上也会更有底气和自信。

第七章　播音主持，塑造你的高光时刻

好的开场能迅速吸引观众

众说纷纭

在日常生活中，我们经常会参加一些会议和讲座，为什么有的主持人刚一说话就能马上让我们集中注意力，竖耳倾听，而有的主持人在全部内容讲完之后也得不到观众的回应，台下鸦雀无声？

我们都知道，初次见面，给人留下良好的第一印象至关重要，在播音主持中亦是如此。好的开场能迅速吸引观众的注意力，给人以眼前一亮的感觉，反之，平淡无奇、中规中矩的开场则会令观众觉得乏味难耐。

提问式开场，启发观众思考

在开场时运用提问的方式可以与观众形成互动，有效拉近与观众的距离，启发观众思考，把观众的注意力集中在主持人身上。

提问式开场白分为"设问式开场白"和"疑问式开场白"。比如，在主持一场以"消防安全"为主题的专家讲座时，主持人可以以提问的方式引出观众的思考："首先请教大家几个问题：电瓶车可以放在楼道里充电吗？电器着火，可以用水浇灭吗？什么是轰燃现象？回燃现象又是什么？"这样一来，观众便会紧跟主持人的思维，迫切想知道问题的答案，这时，便可以小小地卖个关子，等客座嘉宾开始讲解时再来回答这几个问题。

调侃式开场，营造幽默氛围

很多播音主持者在写开场白时苦于没有有趣的素材可供利用，其实，只要用心观察，便能发现好的素材皆源于生活。它需要我们有一双善于发现的眼睛，去截取生活中鲜活、有趣的素材，并对其进行加工和打磨，提炼和概括，使其成为精彩的开场白。如果在此基础上能予以一定的幽默化处理，那就再好不过了。

故事式开场，引发观众共鸣

讲故事是一种很好的开场方式，比起干巴巴地读稿、诵稿，人们更加喜欢听故事，生动、形象的故事可以吸引观众的注意力，让自己的开场具有独特的魅力。

因此，作为一名主持人，可以在开场时精心挑选一个与主题相关的小故事，需要注意的是，故事的内容要有品位、有内涵，不能落入俗套。另外，故事应短小精悍，不宜过长，不能喧宾夺主。

在主持一场以"情绪管理"为主题的讲座中，主持人以心理学中著名的"踢猫效应"的故事来做开场：一位父亲在公司受到了老板的批评，回到家见到在沙发上跳来跳去的孩子，就把孩子臭骂了一顿。孩子心里窝火，看到小猫在地上打滚，便一脚踢了上去。小猫因为受到惊吓，横穿马路，结果司机为避让小猫，却把路边正在玩耍的孩子撞伤了。相信有很多人都听过这个故事，这就是著名的"踢猫效应"。通过这个故事，我们得知，坏情绪会随社会关系由高到低呈链条式传递，最终造成一系列意想不到的不良影响。因此，我们每个人都应学会管理情绪，做情绪的主人，接下来有请……

以讲故事的方式开场，可以较快地吸引观众的注意力，通过生动的语言对故事进行描述，可以将观众带入其中，体验故事中所蕴含的道理，引发共鸣，自然引入主题。

整体语言节奏的把控

我们知道,有节奏感的音乐和舞蹈才符合观众的审美期待,有节奏感的朗诵才能为听众带来舒适的听觉享受。同样,在播音主持中亦需要把控整体的语言节奏,快慢适中、轻重有度,才能让主持的过程更加流畅自然。

播音主持的节奏,需要播音主持者通过字正腔圆的发音来有韵律、有美感地向观众输出内容。

对语言节奏的准确把控是播音主持的重要表达技巧。

引发思想情感

节奏从本质上来说是思想感情的运动状态。要想把握节奏,首先要引发思想情感,让情感带动节奏处于运动状态。

节奏不是人有意而为之,而是播音主持者在理解内容的基础上,根据内容变化造成的自然而然的情感起伏,是播音主持者的有感而发。

比如，新闻主持人在报道某一地区因大雨造成严重的洪涝灾害时，语气会显得凝重，节奏放缓；在报道该地区在国家的正确指挥以及人民解放军、消防官兵、社会各界的共同努力下取得抗洪胜利时，主持人的语气会显得高昂，节奏坚定而明快。

把握播音主持中的语速和语调

语速是指说话的速度，语调是指说话的腔调。

不同的语速和语调能表达不同的情感，比如，急促、紧张的语速，平静、舒缓的语速，欢快、跳跃性的语速，抑扬轻重的语调等，给听众的听觉和心理感受是不一样的。

比如，在主持比赛时，主持人经常会说一句话："那么到底花落谁家呢？接下来就让我们一起拭目以待吧！"这句话应用较快的语速说出，突出现场紧张的比赛气氛，"那么到底花落谁家呢？"用升调表示出对比赛胜利者不确定性的疑问，引发了观众对比赛胜利者的大胆猜测。

重视与观众的互动

> **众说纷纭**
>
> 因为主持人（尤其是现场活动主持人）所面对的是广大的观众，其与观众之间的互动尤为重要。那么，我们应该怎样与观众有效互动呢？有哪些实用的互动小技巧呢？

在做播音主持时，如果没有与观众的互动，那便成了一个人的独角戏，成了一道孤独的风景线，无法引起观众的共鸣，不能达到与观众在情感上的交流与共振，那么这场主持便失去了其本身所具有的价值和意义，成了一种无效劳动。

因此，在主持过程中，应时刻把观众放在心里，在措辞的选择上应以能与之产生情感的交流和共鸣为目标。此外，可以和观众进行一些游戏互动，活跃现场气氛，拉近与观众的距离。

站在观众的角度共情

主持人应站在观众的立场上,从观众的角度出发,想观众所想,将自己的情感倾向明确地传达给观众,并以艺术的语言引起观众的情感共鸣,达到预期的目的和效果。

在一次老同学聚会上,昔日同窗重新返回当年的学校,主持人走上讲台,深情地说道:"同学们,坐在当年的教室里,昔日的场景——在眼前浮现,从前的我们是时光的追赶者,每天都盼着自己快快长大;如今,我们已为人父母,盼着时光能慢慢走,故地重游,重拾青春,又见同桌的你,倍感亲切。"主持人站在听众的角度,把老同学重聚的复杂心情淋漓尽致地表达出来,与听众达成了情感的交流和共振。

多做一些游戏互动

主持人在现场多做一些游戏互动,能够有效地建立起自己和观众之间的联系,拉近和观众的距离。为保证节目效果,主持人可以提前找好互动的对象,选择一些性格活泼的人,他们在舞台上会表现得相对活跃一些,这样一来可以有效地带动现场的气氛。

比如,在娱乐性节目的录制过程中,主持人可以邀请台下的观众上台,与台上的嘉宾(或自己)一同完成一个游戏,如"你画我猜",或者让嘉宾教观众几个简单易学的舞蹈动作等。通过这些小游戏,让观众切实地参与进来，可以给观众带来近距离接触嘉宾的机会，让观众在兴奋之余体验了一把"主角"的感觉，也为台下的其他观众带来了更加真实的节目体验。

妙语连珠

多观察，适时互动调节现场氛围

在一场员工培训大会上，员工已经连续进行了1个多小时的高强度专业知识的培训，很多人已经面露倦色。

主持人见状，便中途插入了一个互动小游戏，主持人说："亲爱的家人们，在前半场的培训中，大家听得都很用心。但是，后半场的培训中，大家稍微显得有些'力不从心'。为了让大家能够更加专心，在接下来的十分钟时间，我们一起来玩一个'读心'游戏，好，我来邀请台下的一位帅哥和我搭档，给大家做一个示范，好不好？"

主持人适时的游戏互动，驱散了员工的疲惫，使大家身心得到放松，更加专心地投入后面的培训中。

随机应变，时刻做好救场准备

在播音主持的过程中，一切按照计划有条不紊地进行是最理想的效果，但很多时候，主持人不仅仅是自己一个人在台上，还有与自己一起搭档的同伴、台上的嘉宾、台下的观众等，面临众多的可变性因素，难免会发生一些意想不到的突发状况，这时便需要主持人有较高的随机应变能力，临危不乱，及时救场，保证节目能够继续正常进行下去。

面对"尬言尬行"，及时圆场

当台上的嘉宾或演员突然出现失误时，为了不尬场，替演员或嘉宾挽回面子，主持人需要"借题发挥"，运用诙谐幽默的语言打圆场，将观众的注意力从嘉宾或演员的失误转移到自己身上，从而保证节目的顺利进行。

在一场晚会上，一位杂技演员表演"转碟子"，不慎将一个碟子摔碎，现场一度有点尴尬，演员很不好意思，主持人见状，说道："好可惜啊，你不用故意摔下来，我们都相信碟子是真的，可惜了一个好碟子嘛。"台下顿时一片笑声和掌声。

主持人的话成功地转移了观众的注意力，也为演员的失误找了一个"圆满"的理由，使节目能够顺利进行下去。

面对失误，适时纠正

在播音主持的过程中，和自己搭档的同伴或嘉宾会偶尔出现"口误"的情况，为了避免误导观众，造成不好的节目效果和影响，主持人需要见机行事，适时纠正失误，最大限度地减少失误造成的影响。

在一次公司举行的颁奖典礼上，一名主持人不慎将一名员工的名字念错，将"刘肆"读成了"刘 si"，与他搭档的另一名主持人赶忙补救道："你怎么比获奖的员工还激动，是'刘 yi'。"念错名字的主持人反应过来，急忙说道："是是是，是我的错，我只惦记着这 4000 块钱奖金了，向刘肆同志表示深深的歉意！"听完他们的对话，台下的观众也跟着哈哈大笑起来。

将获奖人员的名字读错是一个很严重的失误，但是主持人能够运用幽默的调侃化险为夷，及时纠正错误，表现了主持人的临危不乱和聪慧机智。

学会"拖"时间

在主持过程中，有时会突然出现设备出现故障、嘉宾迟到等情况，主持人如果不能在这个时候随机应变，有效拖住时间，整个节目便会走向失控，也会引发观众的不满情绪。

因此，主持人应使出十八般"武艺"，和观众积极互动，有效拖住时间，抚慰观众的焦躁情绪，只有这样，才能保证节目的顺利开展。

刘梦是一名专业的主持人。一次，她接到了主持一场文艺晚会的任务。在一支舞蹈结束之后，舞台上的两排大灯突然熄灭了，面对突如其来的设备故障，刘梦走到台上，不慌不忙地说道："看来是大家的热情太高涨了，热情一高，这电压也容易升高，这电压一高，电就没了。"话一说完，台下的观众都哈哈大笑起来。随后，她接着说道："其实，我一直有个心愿，那就是成为一名歌手，却不想阴差阳错成了一名主持人。择日不如撞日，今天我就给大家献歌一曲，大家可以把手机的手电筒打开，让我做一回歌手如何？""好！"台下的观众热情高涨，大家纷纷举起了亮着灯光的手机。

刘梦的及时救场为设备的抢修争取了足够的时间，抚平了观众焦躁的情绪，确保了晚会顺利进行。

> **妙语连珠**
>
> ### "金色三分钟"
>
> 主持人在主持节目的过程中会面对很多不确定性因素，需要处理很多突发的状况，在面对突发情况时，能临危不乱、反应迅速、机智救场的主持人才称得上是一名优秀的主持人。
>
> 著名央视主持人董卿在一次节目主持过程中，现场出现了两分半的空档，在她即兴救场过程中，耳麦里突然传出导播的声音："不是两分半，只有一分半了"，她连忙调整语序，准备结束语。随后，耳麦里又传来导播的声音："不是一分半，还是两分半！"面对时间的不断调整，董卿临危不乱，用"欢乐的笑""感动的泪""奔波的苦"等排比句即兴制造了一个又一个"感谢"之词，使得整个节目顺畅进行。
>
> 这次随机应变和临危不乱的救场，被人们称为教科书级的"金色三分钟"。

合理控制演出节奏

在才艺展示类节目中，有的演员可能会因为表演中的突发情况而无意间拖慢正常节目的节奏，观众也会因为长时间观看而产生视觉疲劳。作为主持人，应该寻找恰当的时机出场，帮助演员巧妙收尾，对整场演出的节奏进行合理把控。

在一场以"重温经典"为主题的联欢晚会上，扮演孙悟空的演员在台上表演时，道具突然无法正常使用，场面一度有点尴尬。这时，主持人走到台前，模仿唐僧说话的语气，语重心长地说道："悟空啊，为师有点口渴了，你到台下替为师去取些水来吧。"听到此言，台下的观众纷纷报以会心的笑声和掌声，台上的演员也趁机下台更换了道具。

主持人的机智救场，既及时处理了意外情况，又合理控制了演出节奏让表演得以顺利进行，是非常成功的一次救场。

第八章
即兴演讲,关键时刻不掉链子

即兴演讲是演讲的一种形式,一般都是在现场准备,要求演讲者能够根据现场听众的反馈及时调整演讲内容,善于临场发挥,能够当场捕捉话题。

了解即兴演讲

―― 众 说 纷 纭 ――

我们知道，进行演讲，一般情况下是需要提前写好演讲稿，并且多加练习的，但有一种演讲形式不会给我们很多时间去反复修改和研究演讲内容，它需要我们在事先没有准备或准备时间很短的情况下迅速构思并展开演讲，这就是"即兴演讲"。你知道即兴演讲有哪些具体的特点吗？你有过即兴演讲的经历吗？演讲效果如何？

什么是即兴演讲

即兴演讲是指在特定的情境中，围绕特定范围主题进行的临时性演讲，演讲者需要快速地临时组织语言，并声情并茂地表达内容，吸引观众，与观众互动。

第八章　即兴演讲，关键时刻不掉链子

即兴演讲是一种具有很强的"临时性"特征的当众讲话活动，需要演讲者具有较强的综合素质。

即兴演讲对演讲者的要求

◆ 广见闻，有思想

即兴演讲要求演讲者在很短的时间内完成构思，并运用恰当的语言准确地表达自己的思想和情感。

渊博的学识，能让你在短时间内快速找到并筛选记忆中所存储的丰富、生动的例证和恰当的词语。因此，演讲者在日常生活中，要善于学习、思考，注重对各类知识的积累，包括天文地理、风土人情、人文历史等。

此外，演讲者还应具有一定的思想深度。演讲者应能对内容进行深度分析和宏观把握，即透过现象看到本质，并围绕主题列举丰富的例证，使自己的演讲内容流畅自然，一气呵成，并且有说服力。

◆ 能快速收集和汇总材料

即兴演讲要求演讲者在很短的时间内在庞大的材料库中迅速获取与主题内容相关的材料，并在大脑中对选取的材料迅速进行归类、整合和重组，将其巧妙地融入自己的演讲中。

◆ 随机应变

由于即兴演讲没有事先精心写就的演讲稿，没有为演讲做好充分的准备，因此演讲者的临场发挥和随机应变能力便显得尤为重要了。

演讲者在构思内容、输出语言后，要善于观察在场观众的反应，并结合观众的反应灵活调整演讲内容，在确保主题鲜明、条理清晰的基础上，能"随手"抓取现场的人和事，并巧妙地融入自己的演讲中，这样一来，一方面可以为自己的演讲提供可供使用的例证，另一方面又能加强与听众的联系。

此外，在演讲的过程中也需要演讲者根据听众的反应及时调整自己的演讲策略，与观众产生有效互动。在出现怯场、忘词等突发情况时，应沉着冷静，巧妙应对，努力扭转被动局面，掌握主动。

"演"与"讲",缺一不可

众说纷纭

思考这样一个问题:在即兴演讲时,为什么有的演讲者能让听众感到亲切自然、易于理解,而有的演讲者却让听众有一种"背稿"的感觉?即兴演讲只靠"讲"就可以了吗?如何才能真正做好"演"讲呢?

演讲之所以称之为"演讲",从字面意义来理解,就是"演"和"讲"的结合,构思新颖、逻辑清晰的讲话内容是基础,而眼神、手势、肢体等的配合在整个演讲的过程中也扮演着重要的辅助角色,不可或缺。

因此,在即兴演讲中,演讲者不仅要把精力放在内容和构思上,还要在演讲的过程中配合眼神、手势等肢体语言表现演讲内容。

结合演讲内容,把内容情感借助眼神、动作、微表情等表演出来,才能让观众容易理解,更打动观众。

对于演讲者而言，衣着得体大方固然很重要，但在你说话的时候，听众更多的注意力还是会集中在你的眼睛上。俗话说："眼睛是心灵的窗户。"有时，无须言语，一个眼神便足以传达演讲者此刻的内心情感。优秀的演讲者总是有着一双炯炯有神的眼睛，在演讲的过程中与听众自然互动，紧紧抓住听众的目光，有时仅用一个眼神便能让听众心领神会，恍然大悟，达到此时无声胜有声的效果。

人的面部表情，能透露人内心的想法，表情能"辅佐"演讲内容，让内容更生动，灵活运用面部表情，有助于增加演讲者的感染力，让自己的演讲更加生动、形象。

根据演讲内容合理运用面部表情可以极大地增强演讲者自身的感染力和人格魅力，是做好演讲的必修课之一。

此外，在演讲的过程中恰当地使用手势也是做好"演"讲的一个重要部分。手势作为最富有表现力的体态语言，能够起到加重语气、增加感染力的作用，使演讲更具有吸引力。

只有"演"和"讲"相辅相成，互为辅助，才算是真正做到精彩地"演讲"。

第八章　即兴演讲，关键时刻不掉链子

快速构思与整理

众说纷纭

通常，即兴演讲准备时间很短，这就要求演讲者充分利用有限的时间对即将演讲的内容进行快速构思。那么，演讲者应该怎样构思演讲内容呢？演讲者在组织演讲内容时应该注意哪些细节呢？

即兴演讲一般都是在开始正式演讲的几分钟之前才能得知演讲的主题，因此与普通演讲不同，即兴演讲对演讲者构思并整合材料内容的速度提出了较高的要求。

根据演讲主题快速组合材料

即兴演讲中材料的组合方式可分为并列式、正反式和递进式三种。

并列式：将总题分解为若干个分题的组合方式。具体来说，就是将主题分成若干个分题，不同分题各自独立又互相连贯，共同构成一个大主题，这样更方便演讲者整理内容与结构。

正反式：指围绕题目要求从正反两方面进行说明。正反事例可以形成鲜明的对比，更方便听众理解演讲内容。

递进式：指围绕要说明的问题，按照"是什么—为什么—怎么样"的顺序，对要说明的主题展开层层递进、由浅入深的论述，这样的组织方式可以由表及里，对某一问题进行深刻和透彻的分析，具有较高的思想深度。

构思演讲内容时应注意细节

在构思演讲内容时，除了形成大致的结构和框架外，对语言的呈现方式、事例的筛选和布局等方面的细节也应充分考虑在内。

语言的呈现方式可以从两方面进行考虑。一方面，演讲者需要注意语言呈现的逻辑性。比如，在演讲时可将每一条观点按顺序进行排列，通过"首先、其次、然后、最后"或"第一、第二、第三"等顺序词将自己的观点罗列出来，在帮助演讲者自身理清内容逻辑的同时，也给观众以条理清晰的感觉。另一方面，演讲者需要根据听众的年龄特征和心理特点变换相应的语言呈现方式。比如，在面对少儿群体时，演讲的语言应轻松、活泼，易于理解；在面对年龄较大的群体时，语言应相对平稳、缓和。

在事例的筛选方面，应首选与主题紧扣、容易引发共鸣的事例，并依据自己的目标对其进行一定的艺术加工。在事例的布局上，可将事例放在观点前，让听众在听的同时感悟事例背后所要表达的观点，然后再阐释自己得出的结论，即归纳法；也可将事例放在观点之后，用于支撑自己观点的合理性和充分性，即演绎法。两种方法可根据具体情况进行灵活运用。

惊艳的开场怎么说

> **众说纷纭**
>
> 要想在开始就吸引听众，好的开场至关重要。俗话说，万事开头难，想说出精彩的开场白绝非易事。那么，在即兴演讲时，如何在较短的时间内构思出有吸引力的开场白呢？

在即兴演讲时，有吸引力的开场能够快速抓住听众的注意力，激起听众的兴趣和好奇心，给听众留下深刻的印象，为之后演讲的展开奠定良好的基础。

借题开场，化解尴尬

当我们突然被要求当众讲几句话时，会突然不知道从何开口，这时，我们不妨先静下心想一想，周围有没有可以借助的话题，比如天气、衣着、姓名、动物等，也可以借用周围人的某句话借题发挥，从而展开话题。借题开场可以有效地化解尴尬，打开交心的通道。

一位姓钱的老师有一次被邀请到外地的一所大学做金融讲座。钱老师看着台下年轻的"90后""95后"，想着打破现场严肃的氛围，和同学们快速拉近距离："大家好，我姓钱，是专门研究钱的，学金融，就是跟钱打交道，接下来就听听钱老师给大家讲讲关于钱的那些事儿。"言语轻松愉快，引来台下同学们的会心欢笑。

这个开场白巧妙地借用了自己的姓氏，既介绍了自己，又达到了极佳的幽默效果，让听众放轻松，被钱老师的诙谐幽默的人格魅力所吸引。

故事开场，引人入胜

在例证某个观点时，比起长篇大论，听众更喜欢听故事。有趣的故事能使演讲更生动。

在演讲中讲故事，可以通过故事拉近演讲者与听众的距离，让听众更有代入感，更能引起演讲者与听众的情感交流和共鸣。

因此，在即兴演讲时，不妨在开场运用讲故事的方式展开，随后再说出故事背后要阐明的观点。以这样的方式展开，既可以在一开始就吸引听众的注意力，又能让听众在听故事的过程中感悟故事所要传达的观点，为接下来要讲的内容做好铺垫。

悬念开场，调动人心

人们对新奇的事物一般都具有较为强烈的好奇心和求知欲，如果在开始演讲时能充分利用听众的这一心理特点，巧设悬念，便能充分调动听众一探究竟的好奇心，更容易让听众紧跟自己演讲的思路和节奏。

在进行一场主题为"奋斗"的即兴演讲时，一位年轻的演讲者以这样的方式来开场："在演讲开始前，我有一个问题要问现场的各位，你们当中有谁觉得自己家境普通，想要出人头地只能靠自己努力奋斗？"此话一出，台下很多听众都举起了手，这样一来，便抓住了听众的注意力，为接下来的讲述做好了铺垫。

一位学者在做一场以"人生"为主题的演讲时，是这样开场的："1940年的冬天，寒风凛冽，有一位年轻人去药店给病重的母亲抓药，因为跑得急，在路上被一个破布包绊了个趔趄，年轻人回头看，他不知道，正是这不起眼的破布包改变了他的一生。"听闻此言，听众立刻对这破布包充满了好奇："这破布包是谁丢的？里面究竟是什么东西？为什么会影响了他的一生呢？"听众迫切地希望自己内心的一系列疑惑得到解答，因此便会带着好奇心更加聚精会神地听演讲者继续往下说。

> **妙 语 连 珠**
>
> **好的开场白能够出奇制胜**
>
> 俗话说:"好的开始是成功的一半"。在演讲的过程中,如果能给观众一个出人意料、角度新颖的开场,一定会紧紧抓住观众的眼球,为即兴演讲锦上添花,达到出奇制胜的效果。
>
> 莉莉是一名大学生,在参加一场即兴演讲比赛时,她抽到的演讲主题为"生命"。短暂思考后,莉莉便开始了演讲:
>
> 我想问大家一个问题:"先有鸡,还是先有蛋?"(停顿几秒),这是一个很古老的生物学问题,也是一个哲学问题,鸡生蛋,蛋生鸡,生生息息,生命不止,我今天演讲的题目是《生命的意义》……"
>
> 莉莉在设计本次演讲的开场白时,借用了大家都听过,但是没有定论的问题,引起大家的注意和思考,再自然而又新颖地引出主题,让听众有种耳目一新、恍然大悟的感觉,体现了演讲者巧妙的设计和语言技巧。

内容走心，引人深入

> **众说纷纭**
>
> 在一场演讲中，主题内容就好比人的躯干，别具一格的开场固然重要，演讲的主题内容也不容忽视。那么，什么样的演讲内容才算是"走心"呢？即兴演讲的主题内容表达应该注意哪些方面呢？

在开场白结束之后，便正式进入了主题内容的演讲。主题内容是演讲的主体，演讲者应该用心去打磨。在演讲的过程中，演讲者应该站在听众的角度，调整自己的措辞，让听众更容易理解自己所讲的内容。此外，在论证一个观点时，切不可泛泛而谈，而应多使用具体的描述和例证，只有这样，才能让自己的观点更加令人信服。

多使用大家熟悉的字句

由于每个人的知识学历、人生经验以及所从事的职业各不相同，因此有时一些专业性的知识对于演讲者而言相当简单，但是对于完全没有接触过这一领域的听众来讲，理解起来却很困难，需要演讲者进行再三的解释和说明，即使如此，有的听众也还是不能明白。这样会导致时间的浪费，也会引起听众的厌倦和焦躁的情绪。那么，我们该如何做呢？

我们不妨换个思路来想，既然这样子讲不通，为何不能从听众熟悉的内容入手呢？在讲述听众较为陌生的事物时，可以以听众熟悉的东西作为参照，这样一来，听众更容易理解和接受。

比如，在对化学产品、科研结果进行演讲时，非专业领域的学习者可能会对专业词汇、学术性陈述存在理解上的困难，这时，不妨从大家都熟悉的化学现象入手展开演讲内容，例如可以说："在日常生活中，大家有没有注意到，只要把香蕉和其他水果放在一起，和香蕉放在一起的水果很容易熟透，甚至是烂掉？其实，香蕉在这里就发挥了催化剂的作用。"从这些常见、奇妙的化学现象再自然过渡到演讲主题上去。

用观众日常生活中熟悉的事物对晦涩难懂的概念进行解释，可以减少"学究气"，从而让听众更容易理解。

善于运用描述性的语言

有些题材的演讲会涉及大量的数据,演讲者在谈论单纯的数字时,很难让听众对数字有生动、清晰的理解。因此,可以尝试把这些数字形象化,用生动的语言将这些数字进行图像化处理,帮助听众在大脑中建构出相应的画面,从而对这些数字所表达的含义有一个相对清晰的概念和理解。

在一次主题为"刻苦"的演讲比赛上,一位年轻人讲了自己喜欢收集绘图所用剩下的铅笔头的故事,展示了一张照片,照片中这位年轻人躺在地板上,地板上围绕着年轻人摆了一圈又一圈的铅笔头,这是他进行绘图工作时用剩下的铅笔头。整个画面给人的视觉和心灵冲击都很强,演讲者没有直接说出具体数字,而是通过形象的画面描述和具有代表性的不同颜色的铅笔头背后的故事描述让听众记忆深刻。

多用例证,增加说服力

演讲的目的是向听众传达自己的思想和观点,而最有效的方法就是运用恰当的例子来支撑自己的论点,使自己的观点更加明确、生动,且更加具有说服力。我们在选择具体的事例时,除紧扣主题,为自己的论点服务以外,还应努力做到人性化、个性化、具体化和戏剧化。

要想令观众产生共鸣，选择的事例一定要扣人心弦，能够激发听众内心的激情和认同感。比如，演讲者可以讲述一个人如何在艰苦的条件下通过不懈的努力最终取得成功的事例，在讲述的过程中可以挑选1~2个片段进行详细、生动的刻画和描写，包括人物的内心活动等细节，这样能为听众带来真实的、富有人情味儿的情感体验，从而和听众产生情感的交流和情绪共振，使自己的演讲更加引人入胜、令人信服。

意犹未尽的结尾

众说纷纭

在即兴演讲中,很多演讲者会把过多的精力放在开头和主体内容的论述上,却对演讲的结尾不太重视,在演讲的最后草草收尾,这就给听众造成了一种"头重脚轻""虎头蛇尾"的感觉,算不上一场成功的演讲。那么,我们在结尾时应该注意哪些细节呢?

演讲的结尾部分犹如一条鱼的鱼尾,没有有力的尾巴,鱼儿很难在大海中自由地畅游。

演讲者在结尾时,可以先对论点进行再次的阐明,确保听众对自己的观点更加清晰。此外,引经据典、发人深思的结尾可以升华主题,令听众意犹未尽,取得良好的演讲效果。

总结论点，明确主题

虽然即兴演讲的时间一般较短，但在短短的几分钟之内会涉及很多事例和内容，演讲者如果没有在结尾对自己的观点进行总结，听众在最后很难理清思绪，不清楚到底讲了哪些观点。因此，演讲者在结尾重新阐明论点，确保听众也能够对其形成清晰的认识，这一步是至关重要的。

首尾呼应，浑然天成

我们都知道，在写文章时，讲究首尾呼应，给人以一气呵成的感觉。我们也可以把这种写作方式运用到演讲中来，让自己的演讲如行云流水，充满艺术美，让观众细细咀嚼，回味无穷。

比如，在以"劳动者"为主题的演讲中一位演讲者将开头和结尾设计如下：

（开头）是他们叫醒了整座城市，他们又哄整座城市入睡……

（结尾）他们从来不参与城市的喧嚣，他们隐藏在人群中，是最最普通和平凡的人，也是这座城市的超级英雄。

演讲者在开头通过排比句指出了演讲中的主人公，突出了自己接下来的演讲重点：生活在城市中，早起的劳动者们；在结尾再次提到了为城市付出艰辛劳动的人们，与开头巧妙呼应。不同的是，结尾部分通过"平凡"和"超级英雄"的字眼，流露出了作者对守护城市的劳动者们的高度评价。整个演讲有头有尾，意味深长。

引经据典，升华主题

在所有的结尾方法中，运用经典诗句或名人名言是演讲者较常采用的一个方法。因此，如果能在结尾找到恰当的诗句来对自己想要论述的观点进行升华，便能凸显出演讲者的独特风格和才华，同样能够产生艺术美，给听众以和谐与美的享受。

某团队领导在做一场关于职场合作的演讲时，以英国著名诗人吉卜林的一首音律悠扬的短诗作为结尾：

"这就是'丛林法律'……

遵守这项法律的野狼将会繁衍生息，但破坏它的野狼必须死亡。

…………

这项法律无处不在——

因为团结的力量就是野狼，

而野狼的力量就是团结。"

这位演讲者以著名短诗概括、重申、升华演讲的主题，突出了合作的重要性，简洁而有力，给听众留下了思考的余地。

> 妙语连珠

首尾呼应，能让演讲主题更突出

在一次以"好的性格"为主题的演讲活动中，有一位演讲者向听众讲述了自己小时候参加夏令营的故事。

开篇，演讲者提到妈妈帮自己整理行李的事情，提到自己喜欢阅读（这项活动可能听上去会令人觉得是一个不善交际的表现），并向妈妈强烈要求往自己行李箱中多放几本书。以讲故事的形式作为开场，吸引了听众的注意力，激发了听众继续听下去的兴趣。

随后，演讲者以"参加夏令营"为线索，指出相比于喧闹的聚会，自己更喜欢沉浸在书的海洋中，享受阅读带来的乐趣。

接着，演讲者通过举例，表达了人们对于"内向型"性格的偏见，并试图阐明：内向型性格的人也是非常优秀的，通过举例的方式，演讲者有力地向听众证明了自己的观点，增加了演讲的说服力和感染力。

在结尾时，演讲者再次对自己的论点进行了总结，向听众提出"出远门时会在行李箱放些什么"的问题，与开头"妈妈整理行李箱"相呼应，突出主题，发人深省。

第九章

语言引导，这样做掌控话语权

话语权代表着某个人控制舆论的权力，其反映着个体的语言表达能力。善于用语言引导他人的人往往更容易掌控谈话的话语权，从而更容易说服他人。

在日常生活或工作中，你可能会因为某个观点而与他人展开一次激烈的辩论，可能会为了维护自身的权益而与他人来一场严谨的谈判，还可能为了向他人推荐自己或产品而展开推销。不管是哪一种情景的表达，你都要学会用科学、巧妙的语言引导对方，掌控话语权，实现有效沟通，以达成表达与沟通的目标。

辩论

众说纷纭

　　每个人的生长环境以及人生阅历各不相同，所以很可能会对同一件事产生不一样的看法。那么，在日常生活、学习或工作中，你是否也会遇到与他人意见不统一的情况？当你与其他人的观点不统一，并且坚定地认为自己的观点才正确时，你会怎样说服对方让其认同你的观点呢？

　　辩论是这样一种语言行为：通过阐述自己的理由来证明自己对某件事或者某个问题的观点是正确的，与此同时，揭露对方观点的错误之处，使其对该事件或问题有清醒的认识，从而改变观点，在观点上与自己达成共识。

　　很多时候，辩论双方所讨论的话题并没有对错之分，双方都能找到一定的论据来支撑自己的观点，但双方的语言引导往往会成为其最终输赢的一个关键。在辩论过程中，如果一方懂得用巧妙的语言引导对方，牵动对方的思想，就可能使对方改变原来的观点；相反，如果一方只顾反复陈述自己的观点而不注意对对方的引导，那么会很快让对方看清自己的套路，从而很容易被对方的观点所左右。

让"聪明"的对手进入他/她自己设定的"圈套"

在讨论问题时，总有自以为聪明的人会主动出击，通过向对方提出一系列问题来展示自己"缜密的思维""清晰的头脑"，以证明自己是一个"聪明人"。但当这种"聪明人"遇到真正的智者时，就会显得非常愚蠢。

小王忙碌了一天，加上这几天有些感冒，觉得身体很不舒服，幸运的是一上地铁刚好有空座位，小王倚在座位靠背上闭目养神（非老幼病残专座）。大概过了两站地，地铁上的人逐渐多起来，有一位中年人站在了小王身边，并用包戳了戳小王的肩膀，示意小王给她让座。小王觉得这位乘客年龄并不大，而且精神状态很好，所以并没有理会。当这位中年人见小王并没有让座的意思，但又没有正当理由让小王主动让座时，心中极度不满，于是用讽刺的口吻问："你看起来年龄也不小了，怎么还跟着挤地铁呢？"小王回答道："坐地铁方便，不堵车。"中年人接着说："我女儿比你小都有车了，你应该没有吧？"小王回答说："嗯，我是没有，但我攒钱给我父母买了辆车。您女儿已经有车了，那打算什么时候给您买车呀？"中年人涨红了脸，不知道如何回答，只得默默地走开了。

这位中年人本以为能用自己刁钻的语言讽刺对方，没想到聪明反被聪明误，自己竟不知不觉地进入了自己设下的圈套。最终，小王用轻巧的话语回怼，让中年人哑口无言。

可见，在辩论过程中，你可以尝试用一些包含假象的问句反问对方，在其毫无防备的情况下，诱导其陷入他自己设下的圈套，从而获得主动，顺利制服对方。

借对手之力，表明观点

在辩论过程中，可以先顺着对手的逻辑，以引导其做更深入的论述，之后找到合适的时机反驳，并表明自己的观点，从而让对手心服口服。

一家牙科诊所的负责人从朋友那里获知某家诊所有一位资深的牙医，不仅技术好而且深受患者的信赖，于是很希望这位牙医到自己的诊所工作，为自己创造更多的财富。但令人意想不到的是，不管这位负责人提供多么丰厚的条件，这位牙医都不为所动，负责人很不理解，于是对这位牙医说："你也太固执了，你看周围那么多跟你年龄差不多的牙医都跳槽到别的诊所，挣得都比你多几倍，你怎么还守在这儿？不管在哪工作都是为了救治患者嘛！"

牙医说："说得好，既然是为广大病人服务的，所以我才义务看病，您的诊所什么时候能免费为患者看病呢？"

听到这话，负责人无言以对。

可见，在该辩论中，牙医并没有直接拒绝或者反驳另一家诊所负责人的观点，而是巧妙地顺着负责人的话，加以反击，轻松地揭露了负责人为了谋取利益而打的"小算盘"。牙医不仅清楚地表明了自己的态度，而且成功地使这位负责人被自己所说的话所反击，最终只能放弃"挖人"的想法。

回击对方，让自己摆脱困境

当对方故意用刺耳的语言嘲笑或怀疑你的能力时，你应该懂得反击，可用带有讽刺意味的语言使其沦为劣势地位，放弃对你的人身攻击。

一位在家当了近十年全职妈妈的女性正在公园和朋友聊自己想重返职场的决定，一位路人恰好经过并表达了"不看好"的想法。

年轻的路人问道："您在家待了快十年了，早已与社会脱节，为什么到现在还要出来工作呢？职场竞争激烈，您觉得您能靠什么胜任工作呢？"这位妈妈回答："您知道的。现在我最擅长的就是带孩子。我不惜把十年的时间放在一个孩子身上只希望能教会他两件事，一是会说话，二是懂礼貌。我会告诉我的孩子要先学会做人再学做事。全职妈妈与普通的上班族没什么不同，只是工作地点和内容不同而已，我有足够的耐心去应对工作中一切麻烦的人和麻烦的事。"顿时，这位路人哑口无言。

妙语连珠

适时反击，摆脱尴尬

古今中外，总有一些人或是因为学识不够，或是因为品德不良，经常喜欢戴着有色眼镜看人，即势利眼。当遇到这种人时，你很可能会陷入尴尬的境地。但如果你具有一定的语言引导能力，那么就可以给对方以适当的反击，同时也能摆脱尴尬。

老李受邀参加了一个盛大的宴会。因为老李为人低调，即便自己有实力开豪车、戴名表、穿名牌，但他始终不想因为外表引起别人的注意。宴会当天，老李穿着有些泛旧但干净整洁的日常商务装、打着出租车来到宴会地点。一众服务生们热情地招待其他精心装扮的宾客，却唯独避开老李。

老李也并不生气，自己找到并进入宴会大厅，然后静静地坐在餐桌旁等待宴会的开始。很快，所有宾客都已到齐，大家准备开始用餐。有一道菜是蒸螃蟹，服务生先是小心翼翼地将又大又肥的螃蟹放到其他宾客盘中，最后专门挑了一个又小又瘦的放在老李的盘子里。老李看到此景，拿起盘中的小螃蟹开始小声说话。服务生见到老李怪异的做法忙问道："您这是怎么了？"老李说："没什么，我就是向它打听一些海里的事情。"服务生略有嘲笑地说："它是螃蟹又不

第九章　语言引导，这样做掌控话语权

是人，怎么能听懂你说的话呢？"老李说："当然能听懂。"服务生好奇地问道："那你要问它什么？"老李认真地说："我想问问它有没有见过一个鼻孔朝天的渔夫？"服务生继续追问："那它怎么回答的？"老李接着说："它说它还小，让我问问旁边的大螃蟹。"服务生很快意识到了自己的做法已经引起了老李的不满，于是赶忙道歉，并给老李换了一只跟大家一样大的螃蟹。

谈判

> **众说纷纭**
>
> 你有没有与他人谈判的经历？谈判的过程中离不开谈判者的语言交流，那么要用怎样的语言来进行谈判呢？

谈判其实是指大家就共同关注的问题展开的一系列语言表达、传递信息的过程，包括磋商、交换意见、寻求解决问题的途径、达成协议等。

谈判所要面对的是具体的人，是为了各自的利益而进行的语言上的交谈。谈判的目的是经过共同的协商达成统一的目标。表面上看，谈判似乎是一种极其友好的、以合作为终极目标的互相商议的沟通方式，但实际上也会有冲突的一面。因为谈判各方都试图在谈判中获得更多的利益，所以会想尽办法讨价还价。因此，在谈判过程中，双方很容易因为利益的多少而发生矛盾、产生冲突。当双方始终僵持在某个点上而不肯妥协时，就很容易让谈判以失败告终。所以，要想获得成功的谈判一定要懂得用科学的语言引导对方。

投其所好是谈判成功的一大法宝

谈判可能发生在相对正式的工作环境中，也可能发生在较为随意的生活中。不管哪种谈判，都应该在充分了解对方的前提下展开。因为只有真正地了解对方的喜好，才能在关键时刻以此为突破点，让对方欣然接受你的要求。

一位回收废品的年轻人开车到乡下回收废品，当他路过一农户家的大门口时，被院子里的男主人叫住。

男主人问："老板，铁多少钱一斤？"年轻人回答："一块钱。"男主人说："我的铁都很好，你给加点吧。"年轻人很坚定地说："一直都是这个价，不能加。"无奈，男主人只能拿出自己攒的废铁让年轻人称一称。年轻人将废铁捆绑好上秤，说："五百二十四斤，五百二十四元。"男主人听后说道："年轻人，你再给加几块钱，凑个整吧。这数字也不好听啊。"年轻人说："我也不容易，家里老人身体不好，媳妇刚生娃，负担重，真不挣钱，不能再加了。"

男主人听了年轻人的话，想了想，便说："我家最近攒了不少土鸡蛋，你可以带回家给老人和孩子吃，很有营养的。你要是不嫌弃，我给你拿三十个，你也再加点。"年轻人心想，这样也行，正好家人可以补一补身体，而且男主人家的土鸡蛋看上去着实不错。于是爽快地说："行，这一秤铁加上三十个土鸡蛋，我一共给您五百六行不？"

就这样两人愉快地达成了共识。年轻人既收到了废品又买到了不错的土鸡蛋；男主人既卖出了废品又卖出了家里吃不完的土鸡蛋。男主人的这个提议真正做到了投其所好。

可见，在谈判过程中千万不要被暂时的窘境而扰乱思绪，要保持冷静，认真分析对方的意图，特别是要清楚对方的喜好，这样才能在关键时刻用有力的言辞说服对方，从而获得胜利的谈判。

心平气和，方能达到共赢

谈判可能会出现在生活中的各个角落。因为谈判都是各方为了获取各自的利益而展开的，所以很容易发生分歧和对立。但是，如果双方能保持冷静，心平气和地坐在一起进行交谈，那么就可以避免一些不正当竞争甚至争吵的发生。这样，在和谐的氛围中进行有效的商议，将能更好地实现双赢。

有这样一个故事，一位老人在 A 理发店等候理发时被店里养的一只猫挠伤。老人见老板很忙，于是跟老板商量着只要老板出打疫苗的费用就行，可以自己去医院。于是，老板拿出了一千元交给老人，而且觉得这足以支付老人打疫苗的费用。可是，老人到达医院后被告知其更适合接种进口疫苗，一共需要两千元，老人听从医生建议接种了售价为两千元的疫苗。回到家中，老人因为不好意思再开口向理发店老板索要多支付的一千元而闷闷不乐。

老人的女儿得知此事后，带着发票前往理发店，希望这位老板可以给一个合理的处理。老人的女儿对老板说:"因为我爸爸年龄较大,医生建议他接种进口的疫苗,所以一共花费了两千元,您可以看一下发票。"老板看到之后非常惊讶,并有些不耐烦地说:"怎么这么贵,店里前几天来个年轻人,也是这种情况,打了疫苗,才花了八百。我是觉得老人年龄大了,挺过意不去的,还特意多给了两百呢。"老人的女儿说:"老人与年轻人的体质不同,而且是医生建议接种这种进口疫苗,并不是我们主动要求打的。"理发店老板的语气稍微缓和地说:"前几天赔了八百,这次又是两千,我这生意不好做啊,全赔偿了。"老人的女儿听到这话,也非常理解老板,于是带有试探性地问:"这样吧,如果可以把我们自己垫付的这一千元作为会员充值我也可以接受。"老板听后觉得这是一个很好的办法,于是爽快答应。

不惜赞美,拉近与对方的关系

精明的谈判者,在语言表达、措辞上都会非常用心。谈判注定了双方要面对面交锋,会始终被谈判的气氛所笼罩。但是,双方是可以通过努力改变这种紧张的谈判气氛的。你可以不惜赞美之词,向对方表露出你对他的钦佩和喜爱。相信只要你的赞美是发自内心、符合事实的,就很容易打动对方,从而拉近彼此的距离,营造更为和谐的气氛。

> 妙语连珠

互惠互利才是谈判成功的重要前提

李南在城市的繁华地段开了一家烧烤店，但最近因为天气越来越冷，加上房租突然上涨，李南觉得压力较大。

一天，李南到附近的早餐摊位买早点，在等候的过程中与老板闲聊了几句。这位早餐店老板说："天冷了，做早餐也要挨冻。这都要过年了，很难找个可以出租的门面啊。"李南听到这话心生一念，说道："怎么没法找门店呢？我是开烧烤店的，你是做早餐的，咱们两家生意忙活的时间不冲突，你可以在我的店里卖早餐。早餐结束，我就接着卖烧烤。你只需要支付一小部分房租就行。"

早餐店老板听了李南的话后犹豫地说："你的烧烤店位置那么好，我这小本生意，房租太贵是承受不起的。你们那么好的地段，我估计自己无力承担啊。"李南说："你放心，我的店面所在的地段人流很大，而且附近有很多上班族。前几个月的房租你可以少拿点。我一个月房租一万，你给我两千就行。慢慢地，你觉得行了，也可以适当地给我涨点。"早餐店老板笑着说："那你真是帮了我大忙了。"李南接续说："如果你同意的话，明天早上就可以搬到我的店里卖早餐。这样，就不需要挨冻了。你想长期租也可以，短期租也行，反正我们两个的时间不冲突。"最终，两人愉快地达成了协议。

可见，在与他人谈判时应该在考虑自身利益的基础上尽可能满足对方的需求。双方共赢的谈判是各方都想要的结果。

推销

众说纷纭

推销是需要通过沟通、说服、诱导与帮助等手段来完成的，所以使用怎样的语言往往决定着推销的成败。现实生活中，不管你是坐在家中、办公室里还是奔走在马路上，总会遇到各种各样的推销，可能你在向别人推销，也可能是别人在向你推销。那么，根据你的经验，你觉得推销者应该怎样用自己的语言来引导对方呢？

推销是一件考验你诸多能力的活动，所以要想成为一个优秀的推销员就要不断学习。

当你足够了解你所推销的产品时，你就能更加自信地面对对方，也能更全面地介绍你所推销的产品，从而增加成功的概率。

不管你要推销什么，都该在充分了解所推销的对象的基础上向对方进行推销。

此外，在推销之前，你还需要认真梳理思考要使用怎样的语言才能更好地将你所要传递的信息传递给对方。可以说，你的推销语言对你是否能推销成功发挥着巨大作用。

保持商量的语气

在推销过程中，命令式的口吻或祈求式的口吻很容易让对方感到不适。当你用命令式的口吻进行推销时，会让对方觉得你有些急功近利，从而无法信赖你。同样，当你不断祈求对方接受你的产品时，会让对方感觉你不够自信，更不敢接受你所推销的产品，从而会马上逃离。

某商场一楼新开了一家美容机构，机构负责人决定通过免费体验的活动吸引一些顾客前来消费。经过一周的尝试，老板发现店里的三位新来的推销者中只有小杨从来没带客户来体验，于是悄悄观察了一天，很快就发现了小杨的问题。

小杨面对来来往往的行人，不管是谁，见到一个就拦住一个。有一次拦住一位脚步匆匆的女士："姐，快到店里看看，免费体验。"这位女士婉拒说："不用了，谢谢。"小杨继续说道："姐，你有30岁吗？你的眼袋很明显，细纹也很多，再不保养就晚了。进来试试，保证能让你年轻五岁。你不进来肯定后悔。"女士回答："我有事，没有时间。"小杨继续跟着女士说道："姐，有什么事那么重要啊，女人得对自己好点，免费体验，这么好的便宜您不占多可惜。"女士加快脚步，摆脱了小杨的推销。

在观察小杨招揽顾客行为的第二天，负责人就将小杨辞退了。小杨之所以推销失败，主要原因是她的语言表达太直接，让顾客感到自己不被尊重。最重要的是，连续一周始终意识不到自己的问题，没有及时修正，最终只能离开。

耐心提问，发现对方的需要

很多时候，你所要推销的对象并不是你熟悉的人，所以要想成功并不容易。在面对对方时，你可能会不知所措，不知道从哪里入手。此时，你可以尝试以提问的方式，循序渐进地深入了解对方的需求。

某化妆品专柜来了一位老者，这是一位刚从工地上考察完工作的老工程师。他从工地视察工作回来后，准备给自己的女儿买一份礼物，因为女儿下午打电话来说她升职了，老工程师很是为女儿感到高兴，但是时间仓促，此时的形象看起来有些邋遢，不过为了赶时间，他只能硬着头皮进入了化妆品专柜。当老工程师走进化妆品店时，店员并没有嫌弃他的穿着，反而很耐心地询问："您好，您需要买点什么呢？"老工程师说："我想买一支口红。"店员耐心地问道："您想送给谁呢？有没有指定的品牌？"他回答："我想送给我女儿一份礼物，她很喜欢口红，平时都爱买××品牌的化妆品。"店员接着问："她皮肤偏黑还是偏白呢？"他回答："她皮肤比较白，因为平时很注重保养。"通过提问，店员意识到，这位顾客的身份地位绝不像他的穿着那样。于是，店员试着向他推荐："店里最近有一个新款，卖得很好，很受年轻人的喜欢，您要不要考虑一下呢？只要×××元。"果然，老工程师很爽快地选择了这款口红，说："可以，只要适合她就行。"

所以，在推销过程中，不管顾客的外表如何，你都应该耐心提问。通过提问，你才能清楚顾客的真正需求。试想，如果店员一见到这位穿着邋遢的顾客就躲得远远的，或随便敷衍几句，那么就会错失一次卖出产品的机会。

重视引导，努力劝说

如果你想成为一个很棒的推销者，那么你一定要学会引导和劝说对方。从对方的角度来看，如果在大街上遇到了一个陌生面孔在极力地向他/她展示自己的产品，那么他/她首先一定会有戒备心。因此，推销要讲究方式，不能一上来就抓住对方不放，而要循序善诱，耐心劝说，让对方能主动接受你的产品。

某健身俱乐部在商场组织了一次推广活动，希望可以通过此次活动吸引更多的人前往俱乐部进行锻炼。在一位教练的带领下，许多人加入了跳蹦蹦床的游戏中。教练告知大家，如果能坚持跳十分钟，可以到工作人员那留下自己的姓名和联系方式并免费领取一份礼品，王某就是这次活动中领到礼物的一员。

一天，王某接到健身俱乐部销售员打来的电话，邀请他免费体验两节课。王某不太想去，于是说："我最近工作有点忙，没有时间过去。"销售人员说道："没关系。您可以周末或者晚上过来体验。我们是 24 小时营业。"王某继续推辞："我感觉自己不胖，好像不需要去健身。"销售人员回答："嗯嗯，您身材一定很好。健身除了可以减肥，最关键的是可以塑形，让你变得更加阳光、健康。"王某再次推脱："我担心自己坚持不下去。"销售人员则说："这里的器械很多，而且每天有各种各样的课程。如果您想让自己变得更好就一定可以坚持的。"王某只得答应销售员本周六去健身俱乐部看一下，销售人员则表示，会在周五再次打电话提醒王某。

王某近期完全没有时间也没有计划进行健身，却还是在销售员的引导下预约了健身体验时间，可见，一位会引导、懂劝说的推销者成功推销的概率有多大。

第十章

对症下药，
常见表达问题解决有妙方

口才好、沟通能力强的人往往更受欢迎，因为他们懂得营造气氛、化解矛盾，也能在关键时刻揭露并反击错误的言论。但要清楚的是，大多数人的好口才与沟通能力都不是与生俱来的，而是经过后天不断地学习形成的。

不管是在日常的谈话中还是在较为正式的辩论、演讲等场合中，你一定会遇到各种各样的表达问题，如说错话、跑题、大脑一片空白等，接下来了解一下有哪些妙方可以有效化解这些问题。

切忌正话反说、好话歹说

> **众说纷纭**
>
> 在与人谈话或者在公众面前发表言论时，尽量不要正话反说，也不要好话歹说。在陈述某件事或表达某个观点时，你有没有因为自己的表达能力不足而不小心正话反说、好话歹说？你觉得怎样才能避免正话反说、好话歹说呢？

正话反说就是说反话；好话歹说就是说不好听的、恶意的话。

从听者的角度看，如果别人对你说了一些并不符合事实的、难听的话，那么你一定会感到很不舒服。在现实生活中，总有人因为对语言拿捏不够准确而说出了不合时宜的话，让人难以接受。

懂得尊重对方

懂得尊重他人,学会感同身受,才能更好地与对方交谈。如果你是发自内心地尊重对方,就会从对方的角度思考问题,从而认真组织语言,用对方可以接受和愿意接受的语言传递一些信息。反过来,如果你从一开始就以高傲的姿态面对对方,无视对方的感受,那么你的语言就会毫无逻辑,甚至会正话反说、好话歹说。

有一对夫妻结婚一年就分道扬镳。据了解,这位丈夫在17岁时就背井离乡,独自一人来到陌生的城市打拼,而他的妻子出生在城市,一直生活在城市,不仅家境好,相貌也好。其实,妻子始终都有些看不起自己的丈夫。丈夫为了得到妻子的认可,每天除了努力工作,还承担了家里的一切家务。可是,妻子并不体谅丈夫,反而觉得丈夫没有能力给她富足的生活,妻子经常心情不好、发脾气,找不到宣泄的对象就把所有气都撒在丈夫身上。但是,为了这个家,丈夫一忍再忍。

一次,这位丈夫的母亲特意从老家带来了自己亲手制作的美食,想让他们品尝一下家乡的味道。这位丈夫看到母亲亲手做的美食倍感亲切,迫不及待地吃了起来,而他的妻子走过饭桌时非常不屑地说:"这么金贵难得的饭菜,我可吃不起。"根本不考虑旁边坐着的老人的感受,也正是这句话,彻底激怒了丈夫,丈夫决定不再忍让,果断选择了离婚。

不懂说话的艺术没关系,你应懂得尊重他人,学会感同身受,你就会慢慢地注意自己的言语,从而努力找到更好的表达方式。

有话直接说

有些话不适合转弯抹角地说，因为如果在一些紧要关头或者对方不太清醒或者想要推卸责任时你还是很委婉地说，那么就可能错过最佳的处理问题的时机，或者让对方摸不着头脑，或给对方找到一些可以推卸责任的借口。因此，在一些特殊场景下，你必须有话直接说，让对方第一时间接收到你所要传达的完整信息，清楚你的意图，从而做出及时的回应。

例如，走在路上，你发现前面的人在掏包里的门卡时不小心将包里的钱掉落在地上。此时，如果你还慢条斯理地说："你好，等一等，我要跟你说一件事情……"那么还没等你说主要信息时，他很可能早已走远。因为他很可能觉得你并不是在对他说话。当面对这种情况时，你要第一时间用最直接的话说："嗨，你的钱掉了。"

最近，小赵隔三岔五就会接到某个工作室的客服电话，问什么时间去那里免费体验产品。小赵都以工作忙为由予以拒绝。其实，小赵很清楚，天下没有免费的午餐。可是，每当接到那个客服电话时，小赵都不好意思直接拒绝。一天，正当小赵午休时，电话铃声又响起了。小赵像往常一样很客气地说："您好。"客服说："您好，赵女士。最近工作忙吗？要不要哪天有空过来呀？"小赵说："嗯，这几天的家里有点事。还不能去。"客服说："好，那您看大概什么时间方便，下周日怎么样？"小赵说："哦，到时候看时间吧。"客服说："好的，那到时候我提前再联系您，给您提前安排。"挂掉电话后，小赵就很后悔，应该直接拒绝，不然还会接到这样的电话。与此同时，小赵开始为下次拒绝对方邀请的理由而感到头疼。其实，小赵完全可以直接拒绝。对于这种电话，只要你不肯定地说"不去"或"我已经定了其他家"他们就会一直地联系你。最开始，小赵就应该果断地拒绝，直接对客服说："抱歉，我已经定了某家。"

有话好好说

在表达同一个意思时，有的人说出来的话会让你觉得很舒服，也愿意接受，而有的人说出来的话会让你感到非常别扭，难以接受。伤人的、容易出现歧义的话不要说，有话好好说。

例如，你明知道自己的孩子、配偶、家人、同事对自己是友好的，你还要经常说一些伤害他们的话："你真笨""别来烦我了""你走远点""别唠叨了""别管闲事"等。这些话往往会伤害到身边的亲朋好友。

不管你的权力多大、地位多高，不管你当前遇到了什么麻烦，在面对他人时，你都应该调整好情绪，向对方展示你好的一面，多使用和善的语言。

妙语连珠

会说话，可以让你远离纷争

人与人沟通时很容易因为语言使用不当而引发一些冲突。其实，很多时候，一些语言冲突是可以避免的。

一位大妈在蔬菜摊买了一捆青菜，回到家打开后发现菜中间已经腐烂，于是气冲冲地返回到蔬菜摊位找老板理论。这位大妈大声呵斥："黑心老板，你看看，你把烂菜还拿出来卖。昧着良心做生意，你不怕遭报应吗？……"大妈一边骂着，一边把摊位上的蔬菜全扔到了地上。起初，老板听到这话愣了一会，因为他也是从别处批发的菜，根本没注意到会有腐烂的菜，不然怎么也不会故意把这些菜摆上卖。听着大妈刺耳的骂声，看着大妈把自己的蔬菜扔得满地都是，卖菜老板气不过，和买菜的大妈互相谩骂、推搡，大打出手。

试想，如果他们的对话是这样的，这场闹剧完全可以避免：

买菜的大妈发现菜品不好，找到老板："老板，刚刚我在您这买的一把青菜您还记得吧？"老板："记得，阿姨。有什么问题么？"大妈接着说："可能是这捆菜沾上水了，中间的菜烂掉了。"老板："不好意思，阿姨。我给你换一捆好的，或者把钱退给您。您看哪种更合适？"大妈："行，都行。下次可要注意了。"老板："一定一定，给您添麻烦了。"

语速太快或太慢

语速快，说明你可能是一个急性子，思维敏捷但又过于紧张。但说话太快，并不是一件好事。过快的语速大概率会让对方想要与你保持距离，因为过快说话难免唾沫横飞。说话太快还可能会让你底气不足，容易说错话，也会让对方无法捕捉到你所陈述的完整信息，让对方怀疑你是在"背书"，更容易让对方走神。

语速慢，说明你可能是一个慢性子，说话喜欢咬文嚼字、拉长音，内心活动较多。说话太慢会让对方觉得你慵懒、态度不认真，容易让对方失去听的耐性，很可能在你没有表达完就被人或事所打断。

因此，不管是语速太快还是太慢，都是需要你努力克服和改变的。

适时停顿，配合手势

如果你是一个语速特别快的人，那么可以尝试两种方法：一是适时停顿，二是配合手势。

◆ 适时停顿

这里的停顿，是指以一句话为节点，一句话说完停顿一下。需要特别强调的是，停顿的时长不可太长也不能太短，最好停顿三秒（心里默念三个数）。

例如，面试时，考官让你做一个简单的自我介绍，你可以这样做：各位考官上午好（心里数着：1、2、3）。我是……，我来自……（心里数着：1、2、3）。我先前一直工作在……，主要负责……项目（心里数着：1、2、3）……

适当的停顿不但可以增强你的自信，缓解紧张的情绪，还可以让你有思考的时间，让你的思路更加清晰。此外，适当的停顿还能让你有换气的时间，从而避免因为口腔内水分流失过多而出现嘴唇脱皮的现象。

◆ 配合手势

因为人说话的速度一定会比做肢体动作的速度快，所以如果你的语速太快不妨试着通过加入一些手势来配合你所讲的内容。这样，语速自然会慢下来。

例如，一位老师在指导要登台演讲的小朋友时发现，很多小朋友都存在一个问题，即语速过快。于是，这位老师想到一个办法，就是教会小朋友一边讲话一边做手势。当小朋友说到"爱心"时，会用两只手比一个心形；说"我是……"时，将手指尖抵住自己的胸脯；说"那我们怎么才能……呢"时，用右手食指在右侧太阳穴处画圈；说"再见"时，用右手朝着大家挥手。很显然，加上手势后，小朋友们再也不会像之前的语速那么快了。登台表演时,小朋友们真正做到了声情并茂、语速得当,赢得了台下观众激烈的掌声。

在讲话时加入手势主要有两个作用,一是可以增加词语之间的停顿;二是增加语句之间的停顿。词与词、句与句的停顿有了,语速自然就会放慢了。

做足准备,多训练

语速太慢可以采取两个方法来解决:一是做足讲话之前的准备,二是多训练。

如果是事先知道要进行一次讲话,那么可以事先做足准备。例如,演讲之前要能滚瓜烂熟地背诵稿件,要带有情感,有意识地增加语速。你可以给自己限时,三分钟说完;注意词与词、句与句的连读、重读、弱读,如"大家好,我是……"中除了名字其他都可以快速陈述,让对方抓住主要信息即可。铺垫的内容避免拖拉,可以一带而过,用尽可能快的速度说完,中心思想、重点段落与词句可以适当放缓。

此外,说话慢可能与你对周围环境不熟悉、不够自信有关,所以可以事先进入演讲场地,多与其他表演者交流,也可以在演讲时进行自我暗示,把台下的观众想象成自己的亲人、朋友等。

当然,任何能力的提升都离不开训练。因此,你可以在平时有意训练自己的语速,如拿到一篇不太熟悉的文章,让自己在几分钟内大声、清晰且带有情感地朗读完。起初，你可以按照正常的速度读完，过一段时间加快速度，最后限定三分钟内读完。还可以让朋友监督自己，一旦有问题及时纠正。

加快语速不是一天两天就能练成的，要循序渐进，持之以恒。为了能亲身见证自己的进步，你也可以为自己录音，看到自己的良好变化，从而增加信心。

讲话跑题、说错

众说纷纭

讲话跑题、说错是许多人都容易遇到的问题。你是否在讲话时也会跑题、说错呢？你是否会为自己讲话时经常偏离主题，为自己说错某些话而感到尴尬和后悔呢？你有什么方法可以解决自己讲话跑题和说错的问题呢？

讲话跑题、说错不可怕，可怕的是一而再、再而三地犯同样的错误。

为了避免重复犯这样的错误，首先要做到心中有纲，不怕跑题，其次要保持平常心态，平静改正。

心中有纲，不怕跑题

过于紧张或者突然被打断讲话，很容易说着说着就偏离了主题。偏离主题的讲话是毫无意义的，就像写作文一样，即便你的语言很优美、构思很新颖独特，但内容偏题跑题，也很难得高分。要想讲话不跑题，最好的方法就是事先列好提纲。

因为在列提纲的过程中，你会反复琢磨、认真推敲，会根据主题分段，会构思各个段落要表达的内容，甚至想好了要用的主要词句。因为提纲是由你自己独立完成的，而且是经过不断的修改而最终确定下来的框架，所以你会记住它。当正式讲话时，你就可以按照早已铭记在心中的提纲去讲，这样就不会跑题了。

平常心态，平静改正

人无完人，讲话难免会说错。所以，如果发现自己说错话，千万不要过于自责，要保持一颗平常心，意识到了自己的错误后及时地改正。

小溪的朋友过生日。小溪小心翼翼地端起酒杯，走到朋友面前认真地说："在这个特别的日子，祝你开心幸福！新年快乐！"话语刚落就引得在座的所有人哄堂大笑。而后，小溪补充说："希望你记住此刻，因为你要笑口常开。生日快乐！"听到这里，小溪的朋友很受感动。

第十章　对症下药，常见表达问题解决有妙方

其实，小溪最开始是想说"生日快乐"，却不料因口误说成了"新年快乐"，但她并没有慌乱，而是在原来祝愿的基础上，表达了更加诚挚的祝福。

有很多人在发现自己说错话之后，会习惯性地解释说："我这个人平时说话从来不过脑子。"虽然这种话听起来是在对自己说错话而进行的解释，目的是得到对方的谅解，但这不会有一丝正面的作用，反而会让对方觉得你不会表达，并且在为自己说错话找借口。

大脑一片空白怎么办

在面对陌生人或者登台讲话时，你或许会因为紧张而大脑一片空白。要想解决这个问题，一个很简单的方法就是事先把要说的内容写下来。要想出口成章，就要确保所要讲的内容是自己写的。亲自写稿，意味着所有你讲的内容都是你自己要表达的内容，你的记忆会非常深刻。

另外，为了避免忘词，可以带上自己事先写好的稿子，这样既可以让你底气十足，又能在关键时刻找回思路。当然，不要从头到尾都照着稿子念，可以在想不起来的情况下看一眼。

当然，除了事先亲自写稿，上台带稿，还要注意练。作为一个演讲新手，要想在台上不卡壳、大脑不空白，是没有捷径的，必须坚持练习。你可以从最开始的照稿读到可以断断续续地背下来，再到流利且感情丰富地讲出来。"台上一分钟，台下十年功"，台下足够的用心，会让你在台上出口成章，赢得喝彩。

词穷了怎么办

有很多人虽然心里有很多话想说，嘴上却不知道用什么语句来表达，看到别人总能滔滔不绝，心中满是羡慕。

勤思考，多训练

其实，讲话词穷的一个重要原因就是平时思考得少、训练得少。因此，要解决讲话词穷最好的方法就是勤思考、多训练。

你可以每天给自己一个词，要求自己对着镜子围绕这个词讲话，需要在陈述观点时配上一些例子。慢慢地，你会发现你积累的词语越来越多，讲话也能头头是道。

当然，如果给你一个词，你却不知道讲什么，那么你就要考虑自己的知识储备是否太匮乏。古人云："读书破万卷，下笔如有神。"其强调的是厚积才能薄发，只有博闻强识，才能写出好的作品。同样，这句话也适用于你的语言表达。知识积累得多了，你就会积累很多可以说的素材。

常观察，多阅读

很多时候，不会说话、不会做事，是因为阅历不足、知识不够，常观察、多阅读，能增长见识，让你学会表达与沟通。

常观察，就是日常为人处世中经常留意观察他人是如何表达的，做到"取其精华，去其糟粕"。

多阅读，就是从书本中增长见闻，这里重点强调以下两点。

◆ 不贪多，只求精

读书就像交朋友一样，你的一生会遇到很多人，但能真正与你成为知心朋友的仅有几个。读书也是这样，多读书，更要精读书。

有一位女士从小到大都特别喜欢看书。不管走到哪里，她都喜欢往包里放一本书。她家附近的书店只要上新书，她就会想办法买来，所以家里堆满了书。但是，这样一个喜欢看书的人只是将看书当成了一种习惯，而没有真正地看进去。

一天，这位女士正坐在咖啡店看着一本有关社交礼仪的书。正值午后，店里的座位几乎坐满，一位端着咖啡的男士走过来并礼貌地问女士："我可以坐在旁边吗？"女士很不屑地说："随便。"为了表示感谢，也为了缓和气氛，男士小声说："不好意思打扰您了。"女士不耐烦地回答："嗯。"听到这样的答复，男士更觉得尴尬，于是，一边静静地品尝着自己的咖啡一边看着窗外。这时，一位年迈的阿姨端着咖啡走向了他们，并笑着对他们说："两位，我可以坐在旁边吗？"男士爽快地答应了，而女士直接回道："那边还有座位，请到那边好吗?你们这么吵,让我怎么安静地看书?"男士顿时气得火冒三丈,回怼道:"这是公共场合……"话还没说完,看书的女士就回道:"是公共场合,不是你家,我先来的,我想坐一天,你管得着吗?"年迈的阿姨见状赶快拉着男士离开,去别的地方寻找空位。

可见,这位女士虽然在读社交礼仪的书籍,但她并不懂得尊重人,也不懂得如何与人社交。可以说,她读了那么多的书都白读了,因为她并不懂得做人的道理。读书不在于多少,而在于精细。读书应该认真领会其中的道理,而不是为了读完一本书而读书。

◆ 边读边记

读书时除了要反复读,认真推敲内容,还应该随时做笔记。当读完一本书时,你不可能一点感触都没有,否则说明你没有用心。读书时,在遇到一些喜欢的句子、认同的观点或者很有感触的地方,你可以记录下来。回看你所记录的笔记的过程其实也是你再次读这本书的过程,会加深你对这本书的印象或者引起你的一些联想。最关键的是,这些记录下来的内容很可能成为你今后讲话时可以引用的内容,不至于让你词穷。

改掉你的口头禅

一个人在有意或无意间经常说的某些词句就是口头禅。有些人在讲话时,总习惯性地加上口头禅,如"是不""对吧""嗯""就是"等。这种口头禅说几次不会对你有太大影响,但经常说就会让对方觉得你是一个啰唆、缺乏自信的人。此外,对方会质疑你的表达能力,从而不会有太高的兴致与你交谈。因此,要成为一个会表达的人就要想办法改掉你的口头禅。下面就教你几招改掉口头禅的方法:其一,讲普通话;其二,自己有意识地克服;其三,让亲人、朋友提醒和监督自己。

在与人交谈时,要使用普通话。因为许多口头禅在说方言时用起来很顺口,但说普通话时就会很别扭,所以要坚持用普通话。

口头禅就是一种习惯,坚持自制,你就很容易改掉这个小习惯。比如,你可以放慢说话的语速,把要说的话先在心里讲一遍,有意识地避免你的口头禅。

你可以让你的好友或者亲人监督你说话,一旦发现你有口头禅,就及时提醒你。

第十章　对症下药，常见表达问题解决有妙方

及时复盘

复盘其实是一个围棋术语，即下完一盘棋后，重新推演一遍，看看哪里下得好，哪里下得不好。经验丰富的围棋高手都习惯下棋结束后进行复盘。

学习当众讲话也要进行复盘。复盘前可以将自己说的话录制下来，从听者的角度从头到尾听一遍、看一遍，对自己呈现的内容进行检查和判断，并将自己的反馈以文字形式记录下来。及时复盘是发现问题、解决问题的关键。

复盘，可以从以下几个方面入手。

第一，检查内容。

将录音和录像都听一遍、看一遍，重点段落需要多听几遍、多看几遍。详细地听和看，利于你判断和总结自己在讲话时存在的问题。例如，你要对自己的即兴表达进行复盘时，你需要在听和看的过程中仔细检查是否有词不达意的问题。

第二，检查语言技巧。

当你对语言技巧进行复盘时，需要检查声音的高低、强弱，语速的快慢，节奏的快慢，语气和语态是否合适等。例如，在检查语气和

语态时，你可以听和看自己在讲述一些高兴的事儿时是不是喜悦的，讲述悲伤的事时是不是很凝重的。

第三，检查肢体语言。

在对讲话时的肢体语言进行检查时，你要看自己是否做了一些不雅观的动作，如咬手指、抠鼻子等。在讲话过程中，你的不适合的动作会让听众感到不适。

坚持复盘，你就会在下次讲话时多加注意，逐渐成为一个会表达的人。

参考文献

[1] 戴尔·卡耐基. 卡耐基魅力口才与演讲的艺术 [M]. 半夏，译，北京：北京联合出版公司，2017.

[2] 董耀会，王鹤然. 成功演讲术 [M]. 北京：中国经济出版社，2004.

[3] 杜静. 演讲与口才 [M]. 北京：清华大学出版社，2012.

[4] 樊泳湄. 普通话与口才训练 [M]. 昆明：云南大学出版社，2007.

[5] 方瑾. 无敌口才 [M]. 北京：企业管理出版社，2006.

[6] 方言. 演讲就这几招 [M]. 北京：兵器工业出版社，2000.

[7] 歌斐木. 你的魅力来自口才 [M]. 北京：朝华出版社，2011.

[8] 胡皓洋. 修炼好口才的第一本书 [M]. 北京：中国纺织出版社，2017.

[9] 胡伟，胡军，张琳杰. 沟通交流与口才 [M]. 北京：清华大学出版社，2013.

[10] 刘琳. 逻辑表达力 [M]. 苏州：古吴轩出版社，2019.

[11] 陆建华，李含侠，黄玉书. 演讲与口才 [M]. 北京：中国传媒大学出版社，2011.

[12] 盛安之. 口才三绝：会赞美　会幽默　会拒绝 [M]. 上海：

立信会计出版社，2015.

[13] 斯静亚. 公关礼仪与口才 [M]. 北京：清华大学出版社，2010.

[14] 宋晓阳. 完美沟通 [M]. 北京：中国友谊出版公司，2020.

[15] 谭昆智，娄拥军，林炜双. 公共关系理论与实务 [M]. 北京：机械工业出版社，2010.

[16] 谭小琴. 职场人文素养 [M]. 北京：人民邮电出版社，2013.

[17] 宿秀珍. 逻辑说服力 [M]. 北京：中国国际广播出版社，2018.

[18] 徐枫. 北大口才课：让你大受欢迎的说话技巧 [M]. 长春：吉林文史出版社，2017.

[19] 殷亚敏. 练好口才的第一本书：进阶训练版 [M]. 长沙：湖南文艺出版社，2020.

[20] 姚斌. 会说话赢职场 [M]. 北京：企业管理出版社，2013.

[21] 袁红兰. 演讲与口才 [M]. 北京：航空工业出版社，2014.

[22] 臧宝飞. 演讲与口才22堂自我训练课 [M]. 北京：中国国际广播出版社，2018.

[23] 朱迪思·汉弗莱（Judith Humphrey）. 即兴演讲：掌控人生关键时刻 [M]. 胡清，王克平，译，北京：人民邮电出版社，2018.

[24] 邹大力，董英. 领导者掌控全局的说话方略 [M]. 北京：中国纺织出版社，2012.

[25] 马增芳. 演讲的趣味哪里来 [J]. 应用写作，2012（2）：40–42.

[26] 韦道劲，滕艳艳.朗读，领悟语言的美[J].中学教学参考，2018（15）：16-17.

[27] 吴艳梅.诵读 切入 联想——古诗词鉴赏教学三法[J].广西教育学院学报，2003（6）：59-63.

[28] 周礼.退让的智慧[J].人才资源开发，2012（9）：75.